Windy Moors

14.

Debora Lambruschini

LA NEW WOMAN NELLA LETTERATURA VITTORIANA

flower-ed

La New Woman nella letteratura vittoriana
di Debora Lambruschini

© 2017 flower-ed, Roma

I edizione *Windy Moors* dicembre 2017

ISBN 978-88-85628-15-1

www.flower-ed.it

A mio padre, sempre.

PREMESSA

A fine Ottocento, conclusa la grande stagione del romanzo vittoriano, per la narrativa inglese si pone la questione di trovare nuovi mezzi espressivi idonei a interpretare complessità e problematiche del mondo contemporaneo, teso fra tradizione e modernità, in un'epoca di profonde trasformazioni economiche e sociali che investono anche il sistema editoriale e culturale. Il romanzo in tre volumi, voce estetica dominante, negli ultimi decenni del secolo cerca quindi di adattarsi alle nuove condizioni del mercato editoriale, ma è una forma narrativa alternativa al *novel* a rappresentare, meglio di altre, lo spirito del tempo. Gli anni '80 e '90 dell'Ottocento vedono infatti in Inghilterra lo sviluppo della *short story* moderna come genere indipendente, non più subordinato al romanzo. È la forma breve, quindi, il mezzo espressivo più rappresentativo della *fin de siècle* inglese: libera dai canoni estetici tradizionali, essa permette agli autori un grado di sperimentazione, linguistica e tematica, maggiore rispetto al romanzo.

Un contributo fondamentale al consolidamento del genere è stato dato dalle scrittrici: queste costituiscono una generazione minore, che solo a partire dalla seconda metà del Novecento è diventata oggetto di interesse critico parallelamente all'indagine circa lo sviluppo della *short story* moderna.

George Egerton, Sarah Grand, Mona Caird ed Ella D'Arcy sono tra le autrici di racconti attive nel panorama letterario inglese di fine Ottocento e la loro produzione letteraria ha profondamente influenzato il consolidamento della *short story* inglese moderna. Nonostante le caratteristiche peculiari, l'opera delle autrici considerate in questa sede è accomunata dalla riflessione sulle problematiche sociali e culturali contemporanee, con particolare attenzione alla *Woman Question*, e dal desiderio di trovare una forma estetica idonea a rappresentare il nuovo modello femminile incarnato dalla *New Woman*, contribuendo quindi al dibattito nella definizione di nuovi codici morali. Il punto di vista femminile, l'attenzione per l'analisi psicologica dei personaggi, il superamento dei codici narrativi vittoriani, la riflessione sul matrimonio, il desiderio sessuale femminile, l'educazione, la maternità, la solidarietà fra donne sono solo alcune delle tematiche centrali nella produzione letteraria presa in considerazione. Esse trovano nella *short story* il mezzo ideale attraverso cui esprimersi, a un livello di sperimentazione tematica e formale che non sarebbe stato possibile nell'ambito del romanzo tradizionale.

Necessario, per comprendere l'opera delle autrici oggetto di questa ricerca, delineare il contesto storico e sociale entro cui si sviluppa la *short story* inglese di fine Ottocento inquadrando le trasformazioni del mercato editoriale che hanno caratterizzato gli ultimi decenni del secolo e l'emergere della *New Woman*, l'icona culturale degli anni Novanta, nell'ambito del dibattito sulla questione femminile. Una forma letteraria che, subordinata al romanzo, ha nel Regno Unito uno sviluppo peculiare e tardivo rispetto ad altri contesti culturali: l'affrancamento dal genere egemone si concretizza, infatti, solo negli ultimi decenni dell'Ottocento, durante i quali la *short story* si consolida come forma autonoma, con caratteri e sviluppi propri; un genere letterario, tuttavia, di cui la critica accademica si è interessata particolarmente solo a partire dalla seconda metà del Novecento, cercando di delinearne caratteri e motivi costitutivi.

Nel dibattito teorico sulla *short story*, fondamentali sono state – tra le altre – le considerazioni di Poe, B. Matthews, B.M. Ejchenbaum, F. O'Connor, M.L. Pratt, volte a fornire terminologia e definizione adeguate all'analisi della forma breve. Oltre agli studi sopracitati, centrale è la riflessione della critica femminista che, soprattutto a partire dagli anni Settanta del Novecento, ha contribuito al recupero di quella generazione di autrici il cui apporto allo sviluppo della forma breve era stato fino a quel momento marginalizzato; l'attenta analisi di E. Showalter, M. Vicinus, S. Ledger, L. Villa è stata fondamentale quindi ai fini di questa ricerca focalizzata sul ruolo delle quattro autrici in precedenza menzionate nello sviluppo della narrativa breve di fine secolo. I racconti presi in esame, pubblicati in raccolte, antologie o solo su rivista, non sono mai stati, a oggi, tradotti in italiano e vengono qui analizzati dal punto di vista contenutistico e strutturale, privilegiando la riflessione intorno ad alcune tematiche comuni riscontrate nelle opere selezionate, tra cui il matrimonio, la maternità, l'istruzione femminile, la *New Woman*. Parallelamente alla ricostruzione sommaria delle vicende biografiche delle autrici considerate si è cercato, quindi, di individuare *background* culturale, opere e correnti letterarie che hanno particolarmente influenzato gli scritti oggetto di indagine tra cui, soprattutto, il Realismo psicologico francese, il Naturalismo scandinavo, Decadentismo ed Estetismo e il legame tra la *short fiction* di fine Ottocento e il Modernismo inglese che si svilupperà di lì a poco.

10

I.

Fin de siècle:
periodizzazione e contesto storico-sociale

La seconda metà dell'Ottocento, la tarda età vittoriana, appare, dal punto di vista storico-sociale, epoca di trasformazioni economiche e culturali e anche di contraddizioni. Accanto a elementi di democratizzazione della società quali ad esempio l'introduzione dell'Elementary Education Act (1870) e l'allargamento dell'elettorato, l'industrializzazione e la conseguente spinta economica, il periodo in questione è anche caratterizzato da tensioni sociali, problematiche interne ed esterne. L'industrializzazione ha modificato profondamente lo stile di vita della popolazione, ma contemporaneamente si sono acuite le tensioni tra le classi sociali, mentre la crisi economica degli anni '80 e il conseguente inasprirsi del conflitto sociale pone la questione irlandese nuovamente al centro del dibattito politico e alla scelta, da parte del governo centrale, di introdurre provvedimenti legislativi coercitivi.

Sul piano internazionale intanto prosegue la politica imperialista, mentre alle tensioni esterne, generate dai movimenti indipendentisti che rendono sempre più difficile la gestione delle colonie e dei domini inglesi, si affiancherà – soprattutto in seguito alla guerra boera – un calo del consenso per la politica estera intrapresa, portando per la prima volta all'aperta protesta di numerosi esponenti della classe intellettuale.

Sviluppi, tensioni, mutamenti sociali e culturali, alla fine del secolo conducono quindi a una profonda trasformazione dal punto di vista economico e sociale, i cui effetti vanno ben oltre il cambio di secolo: seguendo la periodizzazione indicata da Scott McCracken[1], la *fin de siècle* inglese coincide infatti con il periodo che va dal 1883, anno della pubblicazione di *The Story of an African Farm* di Olive Schreiner, allo scoppio della prima Guerra Mondiale; lunga fine secolo giustificata da ragioni storiche e metodologiche in quanto gli effetti della crisi e i mutamenti messi in atto negli anni Novanta si spingono ben oltre i confini cronologici di fine Ottocento. Un periodo di transizione che tuttavia la riflessione critica e ideologica novecentesca ha infine considerato come un'epoca distinta. Tale periodizzazione è arbitraria e soggettiva ma, per quel che concerne strettamente il panorama culturale e letterario esaminato, appare la più indicata per comprendere sviluppi ed effetti dei mutamenti degli ultimi due decenni dell'Ottocento.

Gli anni '80-'90 dell'Ottocento susciteranno alla fine del Novecento un rinnovato interesse da parte della critica letteraria riportando il dibattito su periodizzazione, crisi culturale e frammentazione della *fin de siècle* e, soprattutto, sulla relazione che intercorre fra essa e la fine del secolo seguente[2]. Tematiche come razza, genere, classe, centrali nel

---

[1] Scott McCracken, "La paternità della *fin de siècle*", in Marco Pustianaz e Luisa Villa (a c. di), *Maschilità decadenti. La lunga fin de siècle*, Bergamo University Press, Bergamo, 2004, p. 317.

[2] La relazione fra *fin de siècle* e fine Novecento è stata oggetto di diversi studi, tra cui quelli qui presi in esame: Sally Ledger e Scott McCracken *Cultural politics at the fin de siècle*, Cambridge University Press, Cambridge,

dibattito critico contemporaneo, sembrano infatti essere emerse alla *fin de siècle* in seguito alla crisi del sistema vittoriano e imperialista, alla nascita del movimento socialista e femminista.

Trasformazioni nella produzione culturale

Gli ultimi decenni dell'Ottocento sono, dunque, caratterizzati da un'atmosfera inquieta, contraddittoria, un'ambivalenza culturale in perenne tensione fra continuità e rottura e il sistema culturale è attraversato da profonde trasformazioni.

L'incremento del numero e della tipologia di lettori (anche in conseguenza all'Education Act) porta alla nascita di un pubblico nuovo e alla trasformazione del mercato letterario stesso: riviste e giornali, anche grazie allo sviluppo della ferrovia e alla richiesta del pubblico, si diffondono e diversificano sulla base della tipologia di lettori a cui si rivolgono, mentre il sistema del professionismo interessa maggiormente anche il settore culturale con la nascita di nuove figure tra cui, ad esempio, l'agente letterario, e associazioni come la *Society of Authors*, fondata nel 1883, allo scopo di riunire un cospicuo numero di scrittori e difendere la categoria dei professionisti della penna.

Il mutamento forse più radicale nel panorama culturale di fine Ottocento, che parte in primo luogo da ragioni economiche e successivamente culturali, è la crisi del *three*

1995 ed Elaine Showalter *Sexual Anarchy: gender and culture at the fin de siècle*, Virago Press, London, 1992.

decker e del sistema della *circulating library*[3]: il romanzo in tre volumi e la sua diffusione attraverso le biblioteche circolanti, elementi centrali e caratteristici del sistema letterario vittoriano, in seguito ai mutamenti economici e culturali della seconda metà del secolo entrano in crisi, simbolo della fine di un'epoca e di una stagione letteraria lunghissima e ricca. Ragioni ed effetti di tale mutamento interessano il mercato letterario, non più vincolato al sistema tradizionale per il controllo e la circolazione delle pubblicazioni, e la produzione letteraria, con lo sviluppo di forme più brevi e la fruizione stessa del testo.

Mutamenti economici e sociali hanno quindi, anche nel periodo in questione, conseguenze sul piano culturale. Le contraddizioni, le instabilità, la democratizzazione e la spinta verso il nuovo, parallelamente alla fine della grande stagione del romanzo vittoriano, conducono a cambiamenti profondi nella produzione letteraria della *fin de siècle* e a una progressiva rottura con schemi e generi tradizionali, privilegiando nuove forme e tematiche la cui influenza sarà fondamentale anche per lo sviluppo, nei primi decenni del Novecento, del

---

[3] Nell'età vittoriana il romanzo si consolida come genere principale e redditizio e, dato il costo notevole di romanzi di tali dimensioni (tre volumi rilegati in pelle, belle pagine) si era nel tempo consolidata l'abitudine da parte del pubblico di abbonarsi alle biblioteche circolanti per prendere in prestito i libri; un sistema in uso già dal Settecento che diviene ora fondamento del mercato editoriale vittoriano. Le *circulating libraries* erano imprese commerciali che compravano tante copie dei romanzi in voga e li concedevano in prestito a coloro che sottoscrivevano un abbonamento. Tuttavia, il sistema del *three decker* e delle biblioteche circolanti, non era la sola forma di circolazione del romanzo che, al fine di raggiungere un numero sempre maggiore di lettori, spesso veniva pubblicato a puntate su riviste e giornali.

Modernismo inglese, parallelamente all'emergere di nuovi modelli femminili.

La questione femminile e la New Woman

Se la periodizzazione della *fin de siècle* inglese è apparsa in qualche modo problematica, non da meno è la riflessione intorno a una tra le figure più emblematiche del periodo, la *New Woman*, e all'influenza da essa esercitata: protagonista della scena culturale, al centro del dibattito sociale e letterario, al volgere del secolo la *New Woman* e il ruolo da essa svolto nello sviluppo di una femminilità nuova e svincolata dal tradizionale modello vittoriano sono stati presto messi in ombra e marginalizzati, parallelamente al declino della *New Woman Fiction*.

Come sottolineato anche da Mitchell in un saggio pubblicato alla fine degli anni Novanta[4], la riscoperta della *New Woman* e della relativa produzione letteraria è soprattutto opera della critica femminista degli anni Settanta e Novanta del Novecento: fondamentali i primi studi del 1977-78 di Showalter, Fernando[5], Cunningham[6] che hanno contribuito a ridefinire il canone letterario degli ultimi decenni dell'Ottocento e trasformare il modo stesso di interpretare la *fin de siècle* non più vista soltanto come periodo di transizione ma, grazie alla riflessione critica ideologica, un'epoca distinta, dall'identità peculiare. Gli studi sopracitati

---

[4] Sally Mitchell, *New Women, Old and New*, Victorian Literature and Culture, vol. 27, n. 2, 1999, pp. 579-588.
[5] Lloyd Fernando, *New Women in the Late Victorian Novel*, Penn State University Press, 1977.
[6] Gail Cunningham, *The New Woman and the Victorian Novel*, Barnes & Noble, London, 1978.

hanno contribuito a mettere in evidenza il ruolo centrale della *New Woman* e della relativa produzione letteraria nello sviluppo di una posizione culturale e sociale di stampo antivittoriano.

In conseguenza alla democratizzazione che, negli ultimi decenni dell'Ottocento, investe molti aspetti della società tardo vittoriana e alle trasformazioni in atto, sempre più urgente nel dibattito del tempo si pone, quindi, la *Woman Question*. Con il declino del tradizionale sistema di valori, della teoria delle sfere separate, della figura dell'angelo del focolare e la crisi del patriarcato, numerose donne iniziano a partecipare attivamente alla vita pubblica mentre si accende il dibattito su diritti e nuove opportunità. A questo si collegano i mutamenti che investono l'istruzione – con l'apertura a partire dagli anni '70 di *college* femminili –, i cambiamenti nella moda e nel costume in una maggiore libertà di circolazione correlata anche alla "dress reform" in atto, fino al dibattito sul suffragio, la sessualità, il matrimonio e la *New Woman*, l'icona culturale degli anni Novanta.

Due differenti modelli femminili, quindi, si contrappongono al tradizionale angelo del focolare di stampo vittoriano: la *femme fatale*, simbolo di una femminilità misteriosa e affascinante e la *New Woman*, una donna istruita, indipendente ed emancipata, contemporaneamente realtà e icona culturale del periodo, intorno alla quale si svilupperà anche un filone letterario peculiare. Lo stesso termine "New Woman" appare problematico come in seguito lo sarà "femminista", utilizzato sia con connotazione politica che per identificare tendenze o atteggiamenti personali[7]; coniato da Sarah Grand nel 1894 durante un dibattito pubblico, è

---

[7] Sally Mitchell, *New Women, Old and New*, cit.

presto ripreso da giornali e scrittori per identificare la nuova femminilità che va sviluppandosi alla fine del secolo.

Si tratta di una donna nuova ed emancipata che sfida gli austeri dettami della morale vittoriana e che incarna una femminilità moderna e consapevole; di estrazione sociale eterogenea, dalla difficile caratterizzazione, è il prodotto di quest'epoca di profondi mutamenti sociali e culturali e del crescente desiderio femminile di imporsi sempre di più come protagonista della vita pubblica, di ottenere maggiori diritti civili e sociali in ambito pubblico e privato, non più relegata al solo ruolo di moglie e madre. L'emergere di questa nuova tipologia femminile, nell'ottica di un movimento proto femminista che riprende tematiche già espresse, tra gli altri, da J. Stuart Mill e Mary Wollstonecraft[8], è strettamente legato al contesto storico e sociale entro cui si sviluppa quale prodotto della crisi del vittorianesimo: all'interno del dibattito circa il ruolo delle donne nella società contemporanea e nella famiglia, ci si interroga, infatti, sui mutamenti politici ed economici in atto, su imperialismo e razza, e sulla presenza femminile sempre più considerevole nel sistema culturale, sul desiderio di conquistare una libertà che sia insieme sessuale, artistica e intellettuale.

La riflessione da parte dell'élite intellettuale intorno alla questione femminile trova in *The Subjection of Women*[9] (1869) di Mill il manifesto ideale, ma le reazioni dell'opinione pubblica di fronte a questa femminilità emergente non sono sempre positive. Già prima dell'avvento della *New Woman*, la questione femminile si poneva come una delle tematiche centrali nel dibattito sociale e politico e, come chiaramente

---

[8] Mary Wollstonecraft, *Sui diritti delle donne*, Bur, Milano, 2013.
[9] John Stuart Mill, *The Subjection of Women*, Penguin Classics, London, 2006.

sintetizzato da Showalter nel saggio *Sexual Anarchy*[10], in un'epoca in cui la mascolinità stessa appare sotto attacco parallelamente alla messa in discussione del tradizionale sistema patriarcale, le donne sono viste come figure del disordine. Ci si interroga, quindi, su come gestire le problematiche sollevate dai modelli femminili emergenti o dalle donne non sposate, che alla fine del secolo vengono considerate un vero problema sociale: se nella mentalità di stampo vittoriano il ruolo naturale della donna è quello di moglie e madre, le donne nubili provocano infatti un giudizio piuttosto critico da parte della società che le identifica con termini quali "spinster", "odd woman", a sottolinearne la posizione marginale e pericolosa come evidenziato da Vicinus[11], argomento dibattuto anche nella società contemporanea[12]. È compito della società, quindi, provvedere a un'istruzione adeguata e alla conseguente possibilità di accesso a professioni e ambiti generalmente preclusi alle donne.

---

[10] Elaine Showalter *Sexual Anarchy: gender and culture at the fin de siècle,* Virago Press, 1992.
[11] Vicinus Martha, *The Single Woman: Social Problem or Social Solution?,* Journal of Women's History, Vol. 22, No. 2, Summer 2010, pp. 191-202. Altri studi sulla figura delle donne non sposate nell'Inghilterra di fine Ottocento citati da Vicinus nel saggio sono, per esempio, quelli di Amy M. Froide, Christine Jacobson Carter, Cordelia Beattie, Virginia Yans, Katherine Holden, Leonard Cargan.
[12] Il ruolo della donna single nella società è, infatti, un argomento centrale anche nella riflessione sociale e culturale contemporanea. Lo scorso anno sono stati pubblicati due saggi molto interessanti sull'argomento: *Spinster*, di Kate Bolick e *All the Single Ladies*, di Rebecca Traister che riflettono sul ruolo della donna single nella società contemporanea, tra stereotipi di genere, difficoltà, ricerca di modelli alternativi al tradizionale ruolo di moglie e madre.

Si tratta di questioni già da tempo dibattute che a fine secolo diventano maggiormente problematiche e urgenti, soprattutto quando intrecciate, a ragione o meno, al discorso sulla sessualità. Tra le ragioni principali della condanna all'emancipazione femminile, infatti, l'immagine non sempre veritiera di una donna – *New Woman* o *Odd Woman* che sia – che, insieme al rovesciamento dei tradizionali modelli famigliari, mira a una rivoluzione sessuale. Tuttavia, a discutere di emancipazione sessuale vera e propria è una minoranza, quella stessa che il movimento femminista allontana e condanna; giacché a essere messi in discussione non sono matrimonio e maternità, bensì le ragioni alla base di essi e gli squilibri non più tollerabili all'interno della famiglia, parallelamente alla riflessione su un sistema educativo che, dietro il desiderio di preservarne l'innocenza, condanna la donna all'ignoranza:

She [the mother] expects her grown-up daughter to be ignorant of everything objectionable upon earth until she marries, but then she may be told anything without other preparation than the marriage service. The English girl may be as much the chattel of her parents nowadays as ever she was, if the parents so choose. They can order her life in its most minute details up to the last moment that she spends beneath their roof, and can then hand her over, and often do, to face disease and death as the chattel of her husband. It is from the horrors of this position that girls have to make their escape, and that not for their own ends only, but for the benefit of the whole human race. The tyrannies of parents may be terrible. Fathers frequently compel their grown-up daughters to lead an idle, useless, and irksome existence in accordance with their own prejudices, and quite irrespective of the girls' abilities, inclinations, and possible necessities, until it is too late for them to make a career for themselves, and their lives are spoilt.[13]

Il nuovo modello femminile che si va sviluppando rappresenta quindi la donna indipendente e istruita, che si muove con maggior libertà e disinvoltura, spesso sola e attenta alle nuove mode in fatto di costume dettate dalla "dress reform". Questa diviene centrale nel dibattito del femminismo inglese contro le costrizioni patriarcali in materia di abbigliamento[14], un codice di abbigliamento interpretato come una forma di imprigionamento del corpo femminile attraverso l'uso del corsetto che, oltre a produrre danni fisici reali, costringe non solo il corpo ma anche la mente delle donne, e che diviene simbolo del ruolo di subordinazione e debolezza che esse ricoprono nella società vittoriana. La *New Woman*, figlia della *middle-class*, si ribella al confinamento negli spazi domestici e, anche mediante l'adozione di un abbigliamento più pratico, si muove agilmente negli spazi urbani, sui mezzi di trasporto o perfino in bicicletta. Tale libertà e il mutamento dei costumi (femminili, ma anche maschili, che si fanno più eccentrici fino allo stile peculiare di *dandy* ed esteti), preoccupa quella

---

[13] Sarah Grand, *The Modern Girl*, The North American Review, No. 451, 1894, pp. 706-714, p. 708. La *Woman Question* come si vedrà è un tema centrale negli scritti di Grand, che, di fronte ai mutamenti sociali in atto, riflette circa la necessità di un profondo rinnovamento dei codici educativi tradizionali. Tale sistema, infatti, considera le giovani donne adatte solo al ruolo di mogli e madri, privandole della possibilità di seguire le proprie inclinazioni e aspirazioni e scegliere la vita che più si adatterebbe loro.

[14] Ann Heilmann, *(Un)Masking Desire: Cross-Dressing and the crisis of gender in New Woman Fiction*, Journal of Victorian Culture, Vol. 5, No. 1, 2000, pp. 83-111.

20

parte dell'opinione pubblica che in essi avverte il pericolo di uno sconfinamento verso un modello quasi androgino, oltre a un inequivocabile richiamo alla posizione politica e sociale a sostegno della causa femminista.

La condanna dell'opinione pubblica nei confronti di un modello femminile emancipato parte dal dibattito che si alimenta nei circoli, nelle strade e su giornali e riviste, dove questa "Wild Woman"[15] è spesso aspramente criticata, accusata di soffrire di nervi e isteria, mentre le sue rivendicazioni vengono estremizzate e distorte:

> Mistress of herself, the Wild Woman as a social insurgent preaches the "lesson of liberty" broadened into lawlessness and licence. Unconsciously she exemplifies how beauty can degenerate into ugliness, and shows how the once fragrant flower, run to seed, is good for neither food nor ornament. Her ideal of life for herself is absolute personal independence coupled with supreme power over men. She repudiates the doctrine of individual conformity for the sake of the general good; holding the self-restraint involved as an act of slavishness of which no woman worth her salt would be guilty. She makes between the sexes no distinctions, moral or aesthetic, nor even personal; but holds that what is lawful to the one is permissible to the other.[16]

La *New Woman*, quindi, viene associata dai suoi detrattori all'ideale decadente e alla figura che lo caratterizza, il *dandy*:

---

[15] Espressione utilizzata in Eliza Lynn Linton, *The wild women as social insurgents*, The Nineteenth Century, Vol. 30, October 1891, pp. 596–605. La Linton è stata tra le più popolari antifemministe del tempo, celebre soprattutto per la serie di articoli scritti tra il 1891-92 nei quali descrive la *Wild Woman* come una donna che rifiuta il matrimonio e brama l'indipendenza fino al desiderio di controllo totale sugli uomini.
[16] Ibid., p. 596.

New Woman e *dandy* sono contestati sulle pagine dei giornali per il nuovo sistema di valori morali che rappresentano, ma, in seguito al processo di Wilde (1895), la *New Woman* cercherà di prendere le distanze da lui e dai suoi seguaci per timore che la sua rovina possa avere ripercussioni nella lotta al riconoscimento dei diritti civili e costituzionali cuore della causa femminile.

Nell'ambito della questione femminile, centrale risulta inoltre il dibattito sull'istituzione matrimoniale ed è nuovamente Sarah Grand a sottolineare come dalla *Woman Question*[17] si passi in breve alla *Marriage Question*[17], che diviene sempre più urgente. Argomento molto dibattuto, la questione matrimoniale è al centro dell'analisi pubblicata da Forward alla fine degli anni novanta del secolo scorso[18], nella quale ricostruisce il contesto storico, la terminologia e i riferimenti dello sviluppo di un nuovo modello matrimoniale negli ultimi decenni dell'Ottocento. Se la *fin de siècle* è generalmente interpretata come un'epoca di transizione, divisa tra il timore per la degenerazione e la speranza per una possibile rigenerazione positiva della società rappresentata dal conflitto tra coloro che mirano al mantenimento degli standard tradizionali e coloro che invece sono aperti al cambiamento, il matrimonio costituisce uno degli argomenti di discussione centrali, in un dibattito spesso piuttosto acceso. Tra i temi chiave collegati alla *Marriage Question* vi sono la riflessione su divorzio, diritti di custodia dei figli,

---

[17] Sarah Grand, *The new aspect of the Woman Question*, The North American Review, Vol. 158, No. 448, 1894, pp. 270-276.

[18] Stephanie Forward, *Attitudes to Marriage in the late Nineteenth Century, with special reference to the lives and works of Olive Schreiner, Mona Caird, Sarah Grand and George Egerton*, Phd Thesis, The University of Birmingham School of English Faculty of Arts, Birmingham Press, Birmingham,1997.

diritti di proprietà e in generale su sessualità, desiderio, maternità. Per una donna ottenere il divorzio, in epoca vittoriana, era una prassi piuttosto complicata, costosa e difficile e, sebbene a partire dalla metà del secolo fossero state istituite nuove leggi al fine di agevolare la procedura, le donne erano comunque soggette al doppio standard con il quale la società patriarcale giudicava in maniera più severa le loro scelte rispetto a quelle degli uomini. Società che, di fronte alla promulgazione di nuove leggi sul divorzio, si interroga e divide tra coloro che temono il possibile declino della moralità e della sicurezza, licenziosità e disintegrazione della famiglia, e coloro che invece considerano i pericoli (sia fisici che morali) di matrimoni infelici.

Parallelamente alle leggi sul divorzio si discute dei termini di custodia dei figli, generalmente affidati al padre, in seguito all'Infant and Child Custody Bill del 1839. La madre poteva fare appello alla corte al fine di ottenerne la custodia, ma solo nei casi di divorzio in cui le donne non fossero state accusate di adulterio; è solo con la legge del 1886 che verrà giudicato ogni singolo caso nella scelta del genitore a cui affidare i figli. Controversa, infine, è anche la questione relativa al diritto di proprietà: se le donne non sposate godono infatti degli stessi diritti degli uomini, con il matrimonio perdono invece ogni diritto sui propri beni, la cui proprietà passa al marito lasciandole senza alcuna protezione finanziaria. La situazione, in parte, muta in seguito al promulgamento del Matrimonial Causes Act (1857), a tutela delle donne separate/divorziate, e i Married Women's Property Acts (1870 e 1882), per mezzo dei quali le donne sposate ottengono il diritto di mantenere i propri guadagni ed eredità. Si tratta di importanti atti legislativi, quindi, che si scontrano con forme di coercizione ancora esistenti ma che segnano anche un punto di partenza fondamentale nella questione matrimoniale.

Per quel che concerne la sfera privata, l'analisi di Foward si sofferma su desiderio femminile e maternità, entrambi temi centrali del dibattito sulla *Woman Question*, sottolineando soprattutto gli effetti del doppio standard di giudizio che penalizza le donne, il rifiuto della società di riconoscere il desiderio sessuale femminile e i timori per la degenerazione, argomenti che si intrecciano al discorso sulla maternità e la responsabilità delle madri nel preservare la razza, ma anche al tema dei figli illegittimi e dei metodi di controllo delle nascite, che appaiono sempre più diffusi. Tema, quest'ultimo, associato a prostitute e cortigiane e raramente discusso apertamente, giudicato immorale perfino dalle femministe dell'epoca.

La New Woman Fiction

Come sottolineato, tra gli altri, da Mitchell[19], il dibattito politico-sociale sulla questione femminile e matrimoniale si intreccia a quello letterario relativamente alla *New Woman Fiction*: in questo sottogenere narrativo il desiderio di emancipazione delle eroine letterarie appare principalmente come una scelta personale piuttosto che come questione di urgenza politica e sociale.

L'influenza delle emergenti figure femminili di fine secolo risulta evidente in ambito letterario con la proliferazione di questo filone a cui contribuiscono con opere di vario genere (romanzi, racconti, novelle) scrittori e scrittrici inglesi e statunitensi, influenzati dal dibattito sulla

---

[19] Sally Mitchell, *New Women, Old and New*, cit.

24

Woman Question e da opere come *Casa di bambola* di Ibsen. Il testo che tradizionalmente viene considerato il primo romanzo appartenente alla *New Woman Fiction* è *The Story of an African Farm* pubblicato nel 1883 dalla scrittrice di origine sudafricana Olive Schreiner, la cui protagonista ha i tratti della *New Woman* di fine secolo. La produzione letteraria appartenente a tale filone è varia e di difficile caratterizzazione, al pari dell'ideale femminile intorno a cui ruota; tuttavia, nelle eroine di romanzi e racconti si possono rintracciare alcuni tratti comuni come la predisposizione all'emancipazione e all'indipendenza dai tradizionali schemi comportamentali, una certa inclinazione al piacere (ben rappresentato dall'immagine assai frequente del fumo, abitudine un tempo soltanto maschile), a una maggiore libertà di movimento (numerose le figure di donne che viaggiano, spesso sole, o che si aggirano liberamente per la città, insieme ai riferimenti a chiavi e proprietà), un abbigliamento più pratico a cui spesso si associa l'uso della bicicletta che chiaramente concede possibilità di movimento svincolate dal controllo di uno *chaperon*.

In generale opere di questo tipo tendono a discostarsi dai tradizionali schemi narrativi vittoriani mettendo in discussione il sistema patriarcale ottocentesco e soprattutto il matrimonio, che non sempre coincide con il lieto fine della storia, presentando figure femminili emancipate e indipendenti, lontane dal modello dell'angelo del focolare. Una tipologia di testo, quindi, in cui la donna è personaggio chiave, opera "by woman about women from the standpoint of Woman"[20] nella quale il punto di osservazione privilegiato è la soggettività femminile. Ne risulta, in molti scritti di

---

[20] W.T. Stead, *The Novel of the Modern Woman*, Review of Reviews, No. 10, 1894, pp. 64-73, citazione p. 64.

questo genere, la tendenza ad allontanarsi dal punto di vista maschile sedicente neutro caratteristico della produzione letteraria vittoriana per focalizzare l'attenzione sulla soggettività femminile, facendo dell'eroina il centro della coscienza narrativa o, in alternativa, utilizzando l'espediente del travestimento *cross gender* al fine di poter accedere ad aree, campi di indagine e tematiche normalmente preclusi alle donne. La donna e la questione femminile sono, quindi, protagoniste, voci narranti, soggetto o punto di vista privilegiato di opere narrative in cui notevole si avverte l'influenza di estetismo, realismo e naturalismo.

La narrativa si dimostra anche in questo caso sensibile ai mutamenti sociali e culturali in atto e troverà nella forma breve il mezzo ideale per affrancarsi da tematiche e codici della stagione vittoriana.

II.

La *short story*:
fondamenti del genere e critica letteraria

Più che per altri generi letterari, dare una definizione della *short story* risulta problematico; la critica letteraria ha di volta in volta messo in luce tratti comuni rintracciabili nel racconto moderno o privilegiato un'interpretazione a discapito di altre e il tentativo di definizione si è spesso basato sul rapporto con il romanzo, per affinità o contrasto.

Concentrandosi sulla *short fiction* inglese della *fin de siècle*, è possibile delineare il profilo di un genere e di una produzione specifica che per lungo tempo è stata considerata minore e subordinata al romanzo, la principale voce estetica dell'età vittoriana. Nel corso del Novecento la forma breve si è imposta come genere letterario autonomo, svincolata dal romanzo, basata su proprie regole e convenzioni, incontrando l'interesse di pubblico e critica e, soprattutto nel mondo anglosassone, anche dell'ambiente accademico; il rinnovato interesse della critica letteraria ha messo in evidenza la necessità di fornire definizione e terminologia adeguate alla *short story*, sebbene dare una definizione precisa ed esaustiva appaia piuttosto arduo. Il racconto, quindi, ha nel tempo affermato la propria individualità, non più subordinato al genere egemone e l'indagine nei confronti della *short fiction* si è aperta a nuove prospettive interdisciplinari, cercando al contempo di individuarne radici storiche, sviluppi, influenze e caratteri fondanti.

Terminologia, caratteri generali e rapporto col *novel*

All'origine della *short story* è possibile rintracciare la tradizione orale, favola e aneddoto, e solo in seguito dall'oralità si è passati alla tradizione scritta e alla pubblicazione, su rivista e – in alcuni casi – in volume.

Mentre la *short story* inglese ha uno sviluppo tardivo e peculiare, nell'Europa continentale e negli Stati Uniti l'Ottocento è caratterizzato dalla compresenza di romanzo e racconto. In Russia e Francia, per esempio, racconto e romanzo seguono sviluppi similari; in Germania, la nascita della *short story* moderna coincide anche con la proliferazione di studi critici specifici cui si dedicano, tra gli altri, Goethe, Schiller, Schlegel; negli Stati Uniti, il genere conosce particolare fortuna già a partire dagli anni '30-'50 dell'Ottocento grazie anche alla diffusione delle riviste, mediante l'opera di scrittori come Hawthorne, Poe e Melville e una tendenza generale a considerare il racconto nella sua individualità, svincolato dal romanzo e quale forma originale e indipendente dal *novel* di importazione inglese che per molto tempo ha costituito il termine di paragone per la produzione letteraria nordamericana. Fondamentale, quindi, anche il contributo critico della classe intellettuale statunitense nella definizione della forma breve.

La discussione intorno alla terminologia più adeguata, già in atto alla metà del secolo nei Paesi in cui il racconto aveva conosciuto un precoce sviluppo, non si esaurisce con il consolidamento della *short story*, come testimoniato anche dalla riflessione del critico americano Brander Matthews il quale, rivendicando il diritto della forma breve a essere considerata genere autonomo, suggerisce la necessità di riferirsi a questa specifica produzione letteraria con il termine "Short-stories":

> I have written "Short-stories" with a capital S and hyphen because I wished to emphasize the distinction between the Short-story and the story which is merely short. The Short-story is a high and difficult department of fiction. The story which is short can be written by anybody who can write at all; and it may be good, bad, or indifferent; but at its best it is wholly unlike the Short-story.[21]

Short-story quindi, con la prima esse in maiuscolo e un trattino a separare i due termini allo scopo di enfatizzare la differenza tra questo genere peculiare e una storia che è meramente "short", in termini di lunghezza della narrazione.

Fondamentale punto di partenza per l'elaborazione di una "teoria" della *short story* è la riflessione di E.A. Poe il quale, nella recensione alla raccolta di *short stories* pubblicata da Hawthorne[22], rivendica l'indipendenza del racconto come genere letterario distinto dal romanzo e delinea alcune caratteristiche generali applicabili a questa forma, riprese in seguito da numerosi critici. Il concetto principale intorno a cui ruota l'analisi di Poe è la *brevitas*: tema centrale nella discussione critica sul racconto allo scopo di definire i confini di un testo non soltanto in termini di mera lunghezza ma per comprendere quando, indipendentemente da ciò,

---

[21] Brander Matthews, "The philosophy of the Short-story" (1901), in Charles May (ed.), *The New Short story Theories*, Ohio University Press, Ohio, 1994, pp. 73-80.
[22] Edgar Allan Poe, *Twice-Told Tales: A Review*, Graham's Magazine, May, 1842, pp. 298-300.

esso vada considerato *short story* [23]. Per Poe, la brevità del racconto coincide con la necessità di una lettura possibile in "one sitting" (due ore di lettura al massimo) al fine di non perdere l'effetto di unità della storia che va fruita e interpretata nella sua totalità:

> We need only here say, upon this topic, that, in almost all classes of composition, the unity of effect or impression is a point of the greatest importance. It is clear, moreover, that this unity cannot be thoroughly preserved in productions whose perusal cannot be completed at one sitting. [...]. We allude to the short prose narrative, requiring from a half-hour to one or two hours in its perusal. The ordinary novel is objectionable, from its length, for reasons already stated in substance. As it cannot be read at one sitting, it deprives itself, of course, of the immense force derivable from totality. Worldly interests intervening during the pauses of perusal, modify, annul, or counteract, in a greater or less degree, the impressions of the book. But simple cessation in reading, would, of itself, be sufficient to destroy the true unity. In the brief tale, however, the author is enabled to carry out the fulness of his intention, be it what it may. During the hour of perusal the soul of the reader is at the writer's control. There are no external or extrinsic influences resulting from weariness or interruption.[24]

---

[23] Norman Friedman, "What makes a *Short story* short?" (1958), in Vittoria Intonti (a c. di), *La poetica della forma breve. Testi del dibattito teorico-critico sulla short story dall'inizio dell'Ottocento alla fine del Novecento*, Edizioni dal Sud, Bari, 2003, pp. 173-188.

[24] Edgar Allan Poe, *Twice-Told Tales: A Review*, cit., p. 298.

La "unity of impression" è dunque peculiarità del genere che, a differenza del romanzo formato da una serie di episodi, ne rappresenta l'unità costitutiva[25].

Tale concezione sottintende il coinvolgimento emotivo del lettore, una delle condizioni fondamentali secondo Virginia Woolf nella fruizione di racconti. Pur non avendo dedicato al genere *short story* scritti specifici, è possibile rintracciare, in numerosi saggi della Woolf, la costruzione di una personale teoria letteraria dedicata alla forma breve[26], non organicamente articolata, ma estremamente interessante per le considerazioni della scrittrice su un genere al quale si è dedicata parallelamente al romanzo. Rigettando il formalismo puro, Woolf sostiene la necessità di leggere i racconti affidandosi alle emozioni in quanto essi stessi concepiti come momento di straordinaria intensità emozionale sulla base della quale creare un'ideale alleanza tra autore e lettore. Autore che deve mirare all'universalità, ossia al superamento del genere sessuale, secondo un principio di "impersonal art", allo scopo di eliminare qualsiasi enfasi sulla propria identità sessuale, mediante una voce che aspiri a divenire anonima, universale, collettiva. L'intensità del testo, inoltre, si crea anche per mezzo di adeguate proporzioni, ossia mediante il rifiuto di tutto ciò che è superfluo:

> And probably it is this superfluity of dialogue which leads to that other fault which is always lying in wait for the writer of *short stories*: the lack of proportion. A paragraph in excess will make this little craft lopsided and will bring about that

---

[25] Ibidem.

[26] Fondamentale a questo scopo Christine Reyner, *Virginia Woolf's ethics of the short story*, Palgrave Macmillan, London, 2009.

blurred effect which, when one is out for clarity and point, so baffles the reader.[27]

Proporzioni e intensità emozionale intrinseca nel genere avvicinano la *short story* alla poesia e il rapporto tra racconto e lirica è stato spesso oggetto di indagine da parte della critica, per la comunanza di alcuni tratti quali intensità, brevità, individualismo, frammentarietà.

Nel tentativo di definire la forma breve, ricorrente è il confronto con il romanzo, genere a cui per lungo tempo la *short story* è stata subordinata; se nella discussione intorno alla forma breve, quindi, il confronto con il romanzo per paragone o contrasto è molto frequente, risulta anche evidente tra i due generi una relazione non simmetrica, di subordinazione appunto.

Tra i primi critici a rivendicare l'autonomia del racconto è, come accennato, Brander Matthews il quale riprende e amplia la riflessione teorica di Poe al fine di delinearne caratteristiche e tratti specifici[28]. Se, come già sostenuto da altri critici tra cui Ejchenbaum[29], romanzo e *short story* derivano da tradizioni letterarie differenti – il primo dalla storia, dai viaggi, mentre il secondo o più precisamente la novella dalla fiaba e dall'aneddoto – ciò che differenzia profondamente i due generi sono il grado di concisione, essenzialità del racconto, il quale si basa su tre elementi fondamentali quali forma, stile e soggetto, e la maggior possibilità di sperimentazione – linguistica, tematica – a cui

---

[27] Christine Reyner, *Virginia Woolf's ethics of the short story,* cit., p. 20.
[28] Brander Matthews, "The philosophy of the Short-story" (1901), in Charles May (ed.), *The New Short story Theories,* cit., pp. 73-80.
[29] B.M. Ejchenbaum, "O'Henry and the Theory of the Short story" (1968), in Charles May (ed.), *The New Short story Theories,* cit., pp. 81-88.

può aspirare. Allo scrittore di racconti, quindi, è concessa una maggiore libertà che, in alcuni casi, si traduce in nuove trame ed esperimenti linguistici svincolati dalla tradizione letteraria legata al *novel,* nel rispetto degli elementi fondanti del genere quali brevità, originalità, quel carattere di "touch of fantasy"[30] e il rapporto con la tradizione orale e l'aneddoto. Come già evidenziato da F. O' Connor:

> the *short story* remains, by its very nature, remote from the community, romantic, individualistic, and intransigent.[31]

La differenza tra *novel* e *short story,* perciò, non consiste solo in termini di lunghezza ma di tipologia e capacità di esprimersi oltre i canoni tradizionali, soffermandosi su quei dettagli marginali rispetto al piano prestabilito. Il rapporto tra romanzo e racconto è centrale anche nell'indagine di Mary Louise Pratt[32], che a sua volta individua nella *short story* il genere più adatto alla sperimentazione e all'introduzione di nuovi argomenti, per esempio il fantastico e il soprannaturale, in un momento in cui il romanzo è invece ancora dominato dal realismo, ma anche sperimentazioni di tipo linguistico con la riproduzione della lingua parlata che entra in tutta la sua originale espressività nei dialoghi.

Di particolare interesse è soprattutto ciò che la Pratt definisce "moment of truth"[33]: se il romanzo racconta una vita, aspira all'universalità, il racconto si concentra invece sul

---

[30] Brander Matthews, "The philosophy of the Short-story" (1901), in Charles May (ed.), *The New Short story Theories*, cit., pp. 73-80.
[31] Charles May, "Introduction" (1994), in Id. (ed), *The New Short story Theories*, cit., p. 25.
[32] Mary Louise Pratt, "The Short story: The Long and the Short of it" (1981), in Charles May (ed.), *The New Short story Theories*, cit., pp. 91-113
[33] Ibid., p. 99.

frammento di quella vita, da cui è il lettore a poter dedurre, nel caso, la vita intera. Sarà proprio tale natura frammentaria a rendere alla fine del secolo la *short story* particolarmente adatta allo spirito del tempo, di cui incarnerà incertezze e turbolenze[34]. È una forma narrativa, quindi, adatta alla coscienza moderna e mira "a un momento di verità"[35], al particolare e non all'universale che, nella mente dell'autore, nasce da un'intuizione sentimentale svincolata dall'ossatura ideologica su cui invece è costruito il romanzo, quello scheletro tematico da cui ne deriva l'intreccio[36].

Il carattere di frammentarietà centrale nella discussione teorica sulla *short story*, è anche uno tra gli elementi più tipici della produzione letteraria della *fin de siècle* e ciò che maggiormente identificherà il racconto del periodo quale anticipatore delle tendenze moderniste.

Interessante, inoltre, è la riflessione su elementi formali e strutturali della *short story* che concorrono a identificare il genere: al fine di soddisfare i principi di *brevitas* e *intensity*, l'incipit del racconto giocato su una certa "apertura nervosa"[37] risulta quindi fondamentale allo scopo di catturare fin da principio l'interesse del lettore e prendere le distanze dal romanzo il quale, al contrario, in apertura può concedersi un maggior grado di vaghezza; nella *short story*, inoltre,

---

[34] Angelique Richardson, "Introduction", in Id. (ed), *Women who did: Stories by Men and Women 1890-1914*, Penguin, London, 2002, pp.31-81

[35] Nadine Gordimer, "International Symposium on the Short story" (1968), in Vittoria Intonti (a c. di), *La poetica della forma breve*, cit., pp. 223-228.

[36] Alberto Moravia, "Racconto e romanzo" (1958), in Vittoria Intonti (a c. di), *La poetica della forma breve*, cit., pp. 189-193.

[37] Sean O'Faolain, "The Short story" (1948), in Vittoria Intonti (a c. di), *La poetica della forma breve*, cit., p. 163.

particolare enfasi sembra essere concentrata nella chiusura[38], anche se questo non implica necessariamente finali chiusi o chiaramente definiti, quanto il ribadire quel principio di intensità emozionale caratteristico del genere:

> Per la sua stessa essenza, la novella, come pure l'aneddoto, accumula tutto il suo peso verso la fine. Come un proiettile che venga lanciato da un aeroplano, essa deve volare a precipizio all'ingiù per colpire con la sua punta, con tutta la sua forza, nel punto giusto. [...]
> *Short story* è un termine che si riferisce esclusivamente all'intreccio e sottintende la combinazione di due condizioni: dimensione piccola e accento dell'intreccio sulla fine. Un tal genere di condizioni crea qualcosa di assolutamente distinto, per scopo e per procedimenti, dal romanzo.[39]

Centrale in quest'ottica è anche la scelta del titolo, il cui significato e implicazioni appaiono spesso più chiaramente a lettura ultima.

Negli ultimi decenni del secolo scorso, infine, parte della critica si è concentrata su quello che si potrebbe definire un genere ibrido tra racconto e romanzo ossia, secondo la definizione suggerita da Forrest L. Ingram nel suo studio sull'argomento[40], lo *story cycle*: una serie di storie collegate tra loro, basate su individualità e unità della struttura complessiva. Il ciclo di racconti può essere così concepito fin dall'ideazione della prima storia (e che contiene quindi un

---

[38] B.M. Ejchenbaum, "Teoria della prosa" (1925), in Vittoria Intonti (a c. di), *La poetica della forma breve*, cit., pp. 107-114.

[39] Ibid., p. 108.

[40] Forrest L. Ingram, "Representative Short story Cycles of the Twentieth Century" (1971), in Vittoria Intonti (a c. di), *La poetica della forma breve*, cit. pp. 241-254.

maggior grado di unità complessiva) o costruito in seguito, dall'autore stesso o dall'editore in base ad associazioni tematiche, stilistiche, di soggetti e personaggi. Nella costruzione dello *story cycle* risulta quindi centrale ai fini dell'unitarietà generale la capacità di mantenere inalterato il grado di intensità, la tensione che collega una storia con l'altra e l'identità di ognuna.

Seguendo l'analisi di Ingram, Robert M. Luscher sviluppa la personale riflessione sulla *short story sequence*[41]:

> [...] a volume of stories, collected and organized by their author, in which the reader successively realizes underlying patterns of coherence by continual modifications of his perceptions of pattern and theme. Within the context of the sequence, each *short story* is thus not a completely closed formal experience.[42]

Alla base di questo particolare genere narrativo sta dunque un elemento di coerenza, fondamentale per lo sviluppo progressivo di temi e motivi che solo nell'unità complessiva risultano evidenti, in quanto ogni racconto che compone la sequenza, pur non perdendo la propria unicità, non è di per se stesso un'esperienza formale completamente chiusa.

---

[41] Robert M. Luscher, "The Short story Sequence: An Open Book" (1989), in Vittoria Intonti (a c. di), *La poetica della forma breve*, cit., pp. 343-360.
[42] Ibidem.

Lo sviluppo della *short story* inglese di fine Ottocento

Per quel che concerne la tradizione letteraria inglese, alcuni critici individuano in Walter Scott[43] e, nello specifico, nel racconto *The Two Drovers*[44] il primo esempio di *short story* moderna. Il panorama letterario del secolo XIX è dominato in Inghilterra dal romanzo, che nel corso dell'Ottocento consolida la propria posizione come genere egemone e lo sviluppo della forma breve inevitabilmente subordinato a esso. Su riviste e giornali, accanto alla pubblicazione di romanzi a puntate, non mancano anche testi di altro genere, ma i racconti del periodo sono ancora legati alla tradizione del *tale* e della narrativa breve di influenza gotica e romantica, percepiti da pubblico e critica quasi come esercizio letterario, intrattenimento fugace. Ne sono esempio *ghost stories* e *supernatural tales* a opera di autori quali Dickens, Collins, Le Fanu, ma anche contributi differenti di romanziere tra cui Gaskell ed Eliot, a indicare come il genere, seppur dipendente e subordinato al romanzo, anche in Inghilterra abbia acceso l'interesse degli scrittori e del pubblico parallelamente allo sviluppo di altre forme, fino ad arrivare al consolidamento e all'affrancamento dal romanzo durante gli ultimi decenni del secolo, caratterizzando gli anni Novanta come la *golden age* della *short story* inglese moderna.

Per quel che concerne la terminologia inglese specifica, "short story" viene datato, secondo l'Oxford English Dictionary, 1877 per distinguere la nuova produzione

---

[43] William Boyd, *A short history of the short story*, consultato sul sito http://www.prospectmagazine.co.uk/arts-and-books/william-boyd-short-history-of-the-short-story.
[44] Walter Scott, *The Two Drovers*, Chronicles of the Canongate, First series, 1827.

letteraria che si va sviluppando dal *tale* più legato alla tradizione orale[45]. Questo nuovo termine non sostituisce immediatamente quello precedente, ma la scelta di una nuova espressione a identificare il genere è indicatrice del cambiamento letterario in atto.

Nell'analizzare tale sviluppo è necessario, tuttavia, considerare la *short story* in rapporto non soltanto al genere egemone, il romanzo, ma anche alle correnti letterarie caratteristiche del panorama culturale inglese della seconda metà del secolo che in qualche misura hanno influenzato la formazione del racconto moderno, insieme alla riflessione sui mutamenti in atto nel contesto sociale e culturale. Se la prima parte del secolo era stata caratterizzata dalla sensibilità romantica e dal gotico e dalla diffusione della stampa, il periodo vittoriano e il romanzo affondano le radici nel Realismo[46]. Da qui lo sviluppo dei tratti peculiari del romanzo vittoriano, da cui la *short story* di fine secolo cercherà, in misura diversa, di prendere le distanze: il narratore onnisciente, l'*happy ending*, la rappresentazione del matrimonio borghese, la pubblicazione nella forma del *three decker*. La componente realistica si apre poi, nei decenni successivi, alle influenze del Naturalismo francese, grazie soprattutto all'opera di Zola introdotta in Inghilterra per la prima volta dal traduttore ed editore Henry Vizetelly: gli studi di Zola portano alla riflessione su contesto ed ereditarietà biologica in un mondo determinato che il romanziere ha il compito di osservare con sguardo oggettivo

---

[45] Vittoria Intonti, "The Representation of Time in the Short Story: The Example of Henry James", in Maria Teresa Chialant, Marina Loops (ed.), *Time and the short story*, P. I. E. Peter Lang, Berna, 2012, p. 17.
[46] Lilla Maria Crisafulli, Keir Elam (ed.), *Manuale di letteratura e cultura inglese*, Bonomia University Press, Bologna, 2009, p. 285.

e distaccato, rappresentandone anche i tratti più oscuri e tragici e, soprattutto, mediante un'attenta indagine psicologica nella costruzione dei personaggi.

Realismo e Naturalismo hanno avuto, in maniera differente, un ruolo importante, quindi, nello sviluppo della forma breve di fine secolo, insieme al movimento estetico degli ultimi decenni dell'Ottocento cui la *short fiction* si lega, accogliendone le influenze e rielaborandone in maniera peculiare istanze e sensibilità. Naturalismo ed Estetismo sono perciò legati alla *short story* nella delineazione del genere ma anche nel giudizio critico a cui saranno soggetti. Se la *New Woman* è il prodotto più emblematico della fine secolo e protagonista del filone letterario peculiare, accanto a essa si colloca la figura dell'esteta, anch'esso prodotto del proprio tempo e fortemente criticato dalla società vittoriana. In comune, si è detto, il rifiuto per la morale e i codici comportamentali tradizionali, la finalità didascalica della letteratura, insieme al desiderio di affrancarsi dal perbenismo borghese. Il culto della bellezza, l'arte per l'arte, il senso di transitorietà della vita, sono il fondamento dell'Estetismo teorizzato da Walter Pater; l'artista/esteta, alla costante ricerca del bello e del piacere, che disprezza la morale borghese e il gusto delle masse, ricerca nell'altrove la bellezza dentro cui rifugiarsi perché la realtà ne è priva e per questo, da tale realtà, l'arte deve fuggire. Decadenti ed esteti sono quindi oggetto di forti critiche da parte degli intellettuali vittoriani, che ne condannano la dissolutezza, la morale discutibile, l'eccentricità, la costante ricerca del piacere, la produzione artistica troppo distante dai canoni tradizionali.[47]

---

[47] Critica che appare chiaramente, per esempio, nello studio di Max Nordau, *Entartung* (1892), il saggio tradotto in tutta Europa: partendo dagli studi del Lombroso sui fenomeni di degenerazione sociale, l'analisi

Ciò che caratterizza la *short fiction* di fine secolo è, quindi, la natura ibrida di tale forma, pronta ad accogliere tendenze e istanze da generi e correnti letterarie differenti e rielaborarle entro lo spazio del racconto. Da ciò deriva una produzione letteraria caratterizzata da elementi di eclettismo funzionali al desiderio di sperimentazione e libertà peculiari del genere, di cui sono, appunto, Naturalismo (o New Realism, come denominato da D'Holker ed Eggermont) ed Estetismo (connesso a Decadenza e Simbolismo) le principali influenze letterarie alle quali le autrici in questa sede considerate rispondono ognuna in maniera peculiare[48].

Alla fine del secolo, inoltre, il contesto culturale ed editoriale inglese si caratterizza, si è visto, per i mutamenti che ne modificano profondamente la struttura e che influenzeranno anche la produzione letteraria stessa; tra questi, la proliferazione di giornali e riviste sulle quali la *short story* trova sempre maggiore spazio. L'interesse degli editori dei numerosi periodici del periodo è infatti fondamentale per la pubblicazione di *short fiction*, accanto ad altre forme o come singolo genere su riviste dedicate: il racconto diviene un genere molto richiesto, a cui contribuiscono numerosissime anche le scrittrici. Tra le più interessanti novità del mercato editoriale vale la pena di ricordare *The Strand* e *The Yellow Book*: sulle pagine della prima, fondata da George Newnes nel 1891, verranno pubblicate le avventure di Sherlock Holmes e un numero sempre più significativo di racconti inediti in lingua inglese; la seconda, nata nel 1894 per opera

---

viene estesa ai letterati, agli esteti e ai nuovi modelli femminili di fine secolo in cui Nordau rintraccia chiare forme di degenerazione, e in Oscar Wilde il rappresentante più noto.

[48] Elke D'Hoker, Stephanie Eggermont, *Fin de siècle Women Writers and the Modern Short story*, English Literature in Transition 1880-1920, Vol. 58, No. 3, 2015, pp. 291-312.

di Henry Harland e pubblicata da John Lane, mira a distinguersi dalle riviste di massa e privilegia la *short fiction*. *The Yellow Book* è tra le pubblicazioni più emblematiche degli anni Novanta: periodico a uscita quadrimestrale, con una copertina rigida di colore giallo, la rivista diretta da Harland si caratterizza per l'interessante eclettismo culturale dei testi pubblicati, corredati dalle illustrazioni di Aubrey Beardsley, *art director* del giornale, artefice di numerosi ritratti e vignette con protagonista la *New Woman* di cui i disegni ne richiamano appunto il carattere indipendente, la cultura, la libertà. Si rivolge a un pubblico di lettori di ambo i sessi, soprattutto – dato il costo – esponenti dei ceti medio – alti e oltre che tra le pagine di *The Yellow Book* trovano non soltanto storie in cui le donne e i nuovi modelli femminili hanno il ruolo di protagoniste, ma un numero piuttosto elevato per l'epoca di lavori scritti da donne, spesso a loro volta *New Women*[49]. La rivista di Harland incarna complessità, contraddizioni, eclettismo e modernità degli anni Novanta, e la sua fortuna è disgraziatamente segnata dall'accostamento a Wilde, Decadentismo ed Estetismo. Nonostante lo scrittore irlandese non sia mai stato coinvolto direttamente nella rivista – e, anzi, abbia sottolineato in diverse occasioni la scarsa affinità con la rivista – i media del tempo hanno erroneamente associato *The Yellow Book* alla figura di Wilde.[50]

---

[49] Tra le autrici che collaborano alla rivista di Harland: George Egerton, Ella D'Arcy, Charlotte Mew, Ada Leverson, Netta Syrett, Victoria Cross, Evelyn Sharp.

[50] Complice anche un equivoco di fondo: in primo luogo, in una scena di *The Picture of Dorian Gray* (chapter 10) vi è un riferimento a un "yellow book" che Lord Henry avrebbe spedito al protagonista del romanzo, ma con esso si intende in realtà l'edizione originale francese di *À Rebours* di Huysmans (Bibbia del Decadentismo francese, caratterizzato dalla copertina gialla) e non la rivista di Harland; un'edizione francese è,

Questa associazione con Wilde e i mutamenti nel panorama culturale a cavallo del nuovo secolo costeranno un rapido declino alla rivista, che chiuderà, infatti, nel 1897 dopo soltanto tre anni di attività.

In un interessante articolo pubblicato da Sally Ledger nel 2007[51], è messo in risalto il carattere eclettico della rivista di Harland alla luce anche delle sue contraddizioni e complessità, simbolo delle stesse dinamiche dell'epoca. A proposito dell'associazione con Wilde, inoltre, anche Ledger sottolinea l'estraneità dello scrittore alla rivista di cui non apprezzava il lavoro e che, ironicamente, aveva definito "not yellow at all", giudizio che si lega anche alla personale antipatia nei confronti di Beardsley. Ledger ricorda, tuttavia, come i testi e gli autori pubblicati su tali pagine si intreccino con le correnti letterarie e culturali del tempo, in un continuo dialogo/confronto. Un elemento che si lega soprattutto alla figura della *New Woman* e alla relativa produzione letteraria, di cui la critica, specie negli ultimi anni, ha messo in evidenza il rapporto di influenze e scambi: Naturalismo, Simbolismo, estetica decadente, dandismo, si combinano infatti, nell'analisi di Ledger, in testi sperimentali, ibridi, influenzati da elementi stilistici differenti.

Il panorama culturale e letterario entro cui si sviluppa la *short story* inglese alla fine dell'Ottocento è, quindi, complesso e gli anni Novanta rappresentano un periodo estremamente stimolante per gli autori di tale genere, influenzati dal realismo psicologico di Flaubert e Maupassant, dal

---

inoltre, il libro rilegato in giallo che lo stesso Wilde ha con sé durante l'arresto e, ancora una volta, erroneamente identificato come il giornale londinese.

[51] Sally Ledger, *Wilde Women and The Yellow Book: The Sexual Politics of Aestheticism and Decadence*, English Literature in Transition 1880-1920, Vol. 50, No. 1, 2007, pp. 5-26.

Naturalismo francese, dalla *short fiction* che per tutto il secolo si è sviluppata in altre realtà letterarie, da Estetismo e Decadentismo, a cui la letteratura di fine secolo partecipa attivamente. Ad accomunare la produzione letteraria del periodo, il desiderio di superamento dei tradizionali codici vittoriani, libertà e innovazioni formali per i quali la forma breve sembra essere la più adatta.

Donne e *short story*, temi e influenze

Dal punto di vista culturale e letterario, quindi, la *fin de siècle* inglese è caratterizzata dalla tendenza alla sperimentazione e dal tentativo di superamento dei codici vittoriani del romanzo ottocentesco, per mezzo soprattutto della forma breve, il genere più adatto ad accogliere la sfida del nuovo. A contribuire allo sviluppo della *short fiction*, autori emergenti e altri noti, tra cui molte scrittrici, che hanno avuto un ruolo chiave; tuttavia, la critica letteraria ha per lungo tempo negato l'importante contributo delle donne nello sviluppo del genere, relegandole spesso in secondo piano a vantaggio di altri scrittori i cui nomi restano ancora oggi assai noti. Le narratrici inglesi della *fin de siècle* sono quindi una "generazione minore"[52] schiacciata tra le grandi romanziere dell'età vittoriana e la stagione modernista, in un periodo in cui la questione femminile diventa topos ricorrente in romanzi e racconti e la concorrenza letteraria si fa pressante. Nella costante ricerca di nuove forme espressive, tra

---

[52] Luisa Villa, "La forma del nuovo. Donne, decadenza, modernità, e la short story inglese di fine secolo", in M.R. Cifarelli, L. Villa (a c. di), *Donne e modernità 1870-1930, Quaderni del Dipartimento di Lingue e Letterature Straniere Moderne 7*, Tilgher, Genova, 1995, pp. 107-132.

tendenze che anticipano il modernismo di primo Novecento
e il desiderio di superamento del canone vittoriano, le autrici
di fine secolo sono quindi emarginate, non sempre
comprese, dalla critica di stampo patriarcale, che elabora
proprio in quegli anni nuovi e più raffinati criteri estetici volti
a marginalizzare la scrittura delle donne.

Tuttavia, in anni più recenti, parte della critica tardo
novecentesca ha rivalutato il contributo delle scrittrici della
fin de siècle allo sviluppo della *short story* moderna,
sottolineando l'influenza che tale genere ha esercitato in
rapporto al romanzo e al racconto modernista. Le lunghe
trame di stampo vittoriano lasciano il posto nella narrativa
modernista a *plot* condensati, mentre l'attenzione si concentra
sull'istante, il momento chiave che mira a catturare la realtà
della vita moderna mediante l'uso di tecniche narrative volte
a sottolineare la soggettività del punto di vista, epifanie e
ambiguità, messi in risalto da uno stile giocato su ellissi,
simbologie, finali aperti e frammentarietà. Nel recente saggio
di D'Hoker ed Eggermont[53], per esempio, l'analisi delle
innovazioni formali e strutturali della *short fiction* inglese di
fine secolo sottolinea il debito del racconto modernista nei
confronti della tradizione che l'ha preceduto, insieme alla
ricostruzione degli elementi caratteristici della forma breve e
le influenze che ne hanno determinato lo sviluppo nel corso
degli ultimi decenni dell'Ottocento. Le innovazioni formali,
infatti, si intrecciano a istanze tipiche del Naturalismo e
dell'Estetismo, quali il desiderio di superare i limiti del
romanzo realista di stampo vittoriano (la ricerca assoluta
della verità e lo scopo morale-didascalico), ma anche della
novella dell'epoca (lunga, caratterizzata da un *plot* piuttosto

---

[53] Elke D'Hoker, Stephanie Eggermont, *Fin de siècle Women Writers and the Modern Short story*, cit.

elaborato, in cui ampio spazio trovavano gli elementi fuori dall'ordinario). Nei racconti di fine secolo, invece, la trama pone l'attenzione sui momenti ordinari, riflette sulle questioni sociali e culturali del tempo pur senza rinunciare ad ambizioni più puramente estetiche, mentre tecniche narrative nuove si intrecciano ad altre modalità più tradizionali, esempio ancora dell'ibridismo caratteristico della *short story*. L'uso di ellissi, le aperture in media res, l'ambiguità della posizione del narratore (e, di conseguenza del "messaggio" della storia), il frequente ricorso al discorso indiretto e al monologo interiore, l'uso della prima persona, sono elementi caratteristici della *short story* degli anni Novanta così come della narrativa modernista.

La produzione letteraria delle scrittrici inglesi di *short story* alla fine del secolo è variegata, ma è possibile rintracciare una tendenza comune alla sperimentazione linguistica e tematica volta al superamento dei canoni tradizionali. Mediante la *short story*, infatti, si aprono per le scrittrici nuove possibilità tematiche non più costrette nella forma lunga del romanzo vittoriano e nel tradizionale *plot* in cui il matrimonio finale svolgeva ancora un ruolo importante nella costruzione della storia. Proprio l'istituto matrimoniale viene messo in discussione, indagandone complessità, oppressioni e infelicità quotidiane, o rappresentando realtà differenti: frequenti nei racconti di fine secolo i casi di divorzio, relazioni fuori dal matrimonio, riflessioni sul ruolo di subordinazione nel quale sono costrette le donne all'interno della famiglia, tra le tematiche centrali nel dibattito del tempo.

Ciò che improvvisamente e in maniera peculiare attraversa la produzione letteraria del periodo è la scoperta del punto di vista femminile che, non più costretto nei rigidi codici vittoriani, riflette su sessualità, estetica, femminilità e famiglia. Sessualità e desiderio femminile entrano nella *short story* insieme a una nuova rappresentazione non soltanto del matrimonio, del rapporto con l'altro sesso o della crisi del modello patriarcale, ma anche della maternità, spesso presentata nei suoi aspetti più disperati e sofferti o nella mancanza di un istinto materno non più considerato innato. Centrale l'interesse per la sfera psicologica e il punto di vista femminile e soggettivo sulla storia, che domina sullo sviluppo stesso del *plot*, poiché ben più della trama è la complessità psicologica delle protagoniste a caratterizzare la produzione del periodo, anticipando anche in questo una tendenza poi ripresa dalla narrativa di inizio Novecento.

Frequente, inoltre, è la scelta di *setting* esotici nei quali rappresentare con maggior libertà il superamento di convenzioni sociali e norme morali, spostando la storia in luoghi di frontiera, terre lontane e provinciali segno anche di un allontanamento dalla tendenza anglocentrica tipicamente vittoriana[54]. La continua tensione tra desiderio di libertà, esplorazione del rapporto tra i sessi e una forte componente individualistica – di derivazione romantica - si adatta perfettamente a un genere letterario che, come si è visto, privilegia il frammento, il particolare, il marginale, contrapposto alla tendenza all'universalità del romanzo. Nello spazio della forma breve, la generazione femminile emergente trova un palcoscenico ideale per la rappresentazione di una rinnovata femminilità e del proprio desiderio di emancipazione, mentre nuovi spunti di riflessione si fanno urgenti: il punto di vista femminile e la complessità psicologica dei personaggi, la messa in discussione dei tradizionali codici morali, il dilemma irrisolto dell'essere sia donna che artista, il conflitto di genere, il

---

[54] Luisa Villa, "La forma del nuovo", cit., pp. 107-132.

46

desiderio di superare – almeno mediante la *fiction* – le barriere dettate dalle convenzioni e, attraverso l'assunzione di un'identità maschile, avere libero accesso a luoghi e comportamenti che nella realtà sono ancora preclusi alle donne. Il sentimento si intreccia alla sessualità e a un desiderio femminile che, quando represso, genera sofferenze psicologiche che non è più possibile ignorare.

III.

Sarah Grand

Cenni biografici, dibattito sulla Woman question e influenze letterarie

Tra le tematiche comuni, la riflessione intorno alla *Woman Question* nelle sue diverse sfumature è senza dubbio una delle più ricorrenti e approfondite nella produzione letteraria delle autrici in questa sede considerate e relativamente all'opera di Sarah Grand (pseudonimo di Frances Elizabeth Bellenden Clarke) è sicuramente un argomento centrale da cui iniziare la riflessione critica.

Nata in Irlanda da genitori inglesi il 10 giugno 1854, alla morte del padre – tenente della marina – fa ritorno in Inghilterra insieme alla madre e ai fratelli. Qui, a causa delle ridotte possibilità economiche, Frances riceve un'istruzione irregolare, sacrificata, dunque, come era consuetudine a quella dei fratelli maschi; iscritta alla *Royal Naval School*, viene presto espulsa per aver organizzato un gruppo di protesta contro il Contagious Diseases Acts. Questa espulsione, unitamente alla sofferenza per la mancanza di possibilità di istruzione pari a quella dei fratelli, contribuirà, quindi, a fornire ispirazione nei suoi scritti a favore dell'educazione femminile e, dal punto di vista personale, la spingerà a cercare forme alternative di arricchimento culturale. Appena sedicenne, per sfuggire da casa e avere accesso a viaggi e

48

cultura, sposa il vedovo David Chambers McFall, chirurgo
dell'esercito di vent'anni più vecchio e con due figli avuti dal
primo matrimonio. L'impiego del marito, dal quale avrà un
figlio pochi anni dopo, le permette di viaggiare tra Malta,
Singapore, Ceylon, Cina e Giappone, e acquisire conoscenze
mediche; l'unione, tuttavia, sarà segnata anche da una
profonda infelicità coniugale che porterà alla decisione, da
parte della donna, di procedere con il divorzio e partire da
sola per Londra dove reinventarsi una vita assumendo
l'identità di Sarah Grand. Come evidenziato da Bjorhovde, la
scelta di adottare uno pseudonimo era pratica estremamente
frequente in epoca vittoriana, ma ciò che distingue Grand
rispetto ad altre autrici è l'assunzione non di un'identità
maschile dietro cui celarsi, bensì di una personalità
femminile:

> [...] here was a writer who chose a female pen-name. And
> not only that: her choice of a new name was not so much
> intended as a cover for her real identity as the deliberate
> choice of a new and public "persona". Francis Elizabeth
> McFall became Sarah Grand.[55]

Adottando lo pseudonimo di Sarah Grand, la scrittrice
costruisce una vera e propria rinnovata identità da mostrare
in pubblico, in cui evidente tanto l'ambizione letteraria
quanto il desiderio di dichiarare, mediante il rifiuto di un
nome maschile, la propria posizione di primo piano
nell'ambito della *Woman Question*. Agli ultimi anni del
matrimonio risalivano, intanto, i primi tentativi di inserirsi

---

[55] Gerd Bjorhovde, *Rebellious Structures: women writers and the crisis of the
novel 1880-1900*, Norvegian University Press, Oslo, 1987, p. 87.

nell'ambiente letterario e la pubblicazione in forma anonima di un romanzo, *Ideala*, da cui aveva ricavato modesti profitti; sotto lo pseudonimo recentemente adottato, pubblica invece nel 1893 quello che sarà il suo maggior successo, *The Heavenly Twins*, cui seguiranno altri romanzi, ma anche saggi, articoli di giornale e numerose *short stories* che contribuiranno al successo dell'autrice in Inghilterra e negli Stati Uniti. Tali racconti sono apparsi dapprima su rivista e in seguito pubblicati nelle due raccolte qui considerate, *Our Manifold Nature* (1894) ed *Emotional Moments* (1908) cui ne seguirà una terza, *Variety*, nel 1922, con storie inedite o apparse su rivista tra il 1909 e il 1915. Tra le riviste che pubblicano racconti di Grand ricordiamo *Temple Bar*[56], *Today: A Weekly Magazine Journal*[57], *Norfolk Daily Standard*[58], *Lady's Realm*[59], *The English Illustrated Magazine*[60], *The Pall Mall Magazine*[61]. La sua intensa attività letteraria continua fino agli anni Venti del Novecento, con il ritiro a Bath, dove morirà nel 1943.

Come si è già evidenziato, è proprio Sarah Grand, nel corso di un dibattito nel 1894, a coniare il termine *New Woman* indicatore di un nuovo modello femminile, icona della *fin de siècle*. L'interesse per la questione femminile e la partecipazione attiva al movimento suffragista come membro della *Women Writers Suffrage League* e vice presidente della *Women's Suffrage Society* si traducono, per quel che

---

[56] *Temple Bar: A London Magazine for Town and Country Readers* (1860-1906), periodico letterario fondato da George Augustus Sala.
[57] *Today: A Weekly Magazine Journal* (1893-1897), Jerome K. Jerome
[58] *Norfolk Daily Standard* (1885-1905).
[59] *Lady's Realm: An Illustrated Monthly Magazine* (1896-1914), William Henry Wilkins. Rivista femminile, a cadenza mensile, che si rivolge soprattutto alla *New Woman*.
[60] *The English Illustrated Magazine* (1883-1913).
[61] *The Pall Mall Magazine* (1893-1914), William Waldorf Astor.

concerne le *short stories* in questa sede considerate, nella chiara polemica antimatrimoniale: un punto di vista espresso anche in articoli quali, per esempio, *The Modern Girl* (1894) e *The new aspect of the Woman Question* (1894), in cui Grand si schiera contro i matrimoni oppressivi e senza amore, sostenendo inoltre la necessità di riconsiderare il sistema educativo femminile di stampo vittoriano, che secondo la scrittrice deve invece adeguarsi ai cambiamenti dell'età moderna. È in primo luogo nella famiglia che l'educazione femminile necessita di nuove regole: compito delle madri, infatti, istruire le proprie figlie, fornire loro le stesse opportunità di istruzione dei maschi, rompendo con il tradizionale sistema del silenzio che mirava a tenere le giovani nell'ignoranza con la scusa di preservarne l'innocenza, quando sarebbe invece più prudente prepararle in maniera adeguata al matrimonio o all'indipendenza economica. Questa *New Woman* consapevole e indipendente, quindi, non può più accettare la tradizionale separazione delle sfere di stampo vittoriano lasciando all'uomo il controllo sulla propria vita. Centrale, perciò, nell'opera di Grand, è la riflessione intorno al tema dell'educazione femminile mediante il confronto tra modelli di femminilità differenti, la solidarietà fra donne, la rappresentazione della *New Woman* come esempio di donna emancipata e libera dalla vita piena e indipendente, l'indagine intorno alle problematiche del matrimonio, alle complesse, contraddittorie relazioni tra i sessi, al desiderio sessuale femminile spesso esplorato fuori dal vincolo matrimoniale.

Analizzando i testi qui selezionati appare evidente come la narrazione di Grand sia meno interessata al rinnovamento formale (al contrario di quanto sarà invece per George Egerton, ad esempio), per concentrare l'attenzione sulle tematiche al centro delle storie e dare voce, al pari dei suoi romanzi, a un istinto a tratti moraleggiante, attento a non sviare l'attenzione del lettore dal nodo centrale intorno a cui la storia è costruita. Come sottolinea Marilyn Bonnell[62], Grand rispetto ad altri autori suoi contemporanei risulta poco incline all'influenza dell'Estetismo, di cui non condivide fino in fondo il progetto dell'arte per l'arte: si avverte invece nella sua opera la necessità di farsi portavoce di un messaggio sociale che non può essere ignorato per celebrare la bellezza sopra a ogni cosa. La narrativa deve dare rappresentazione della vita stessa, mostrarla per quello che è, anche nei suoi aspetti, quindi, meno edificanti. Lo studio della vita, come indicato per esempio già nel sottotitolo della raccolta *Our Manifold Nature: Stories from Life*, richiama perciò un interesse specifico da parte di Grand, uno sguardo di stampo quasi scientifico mediante cui sceglie di costruire le proprie storie, mostrando la vita libera da convenzioni e perbenismi, come sottolineato ancora da Bonnell:

> "Showing life as it is" was an aim to which Grand and many others writers and critics of the time subscribed. She repeatedly used subtitles to underscore the realism of her works: *Ideala* (1888) is "A Study from Life", *Our Manifold Nature* (1893) contains "Stories from Life", and *The Beth Book* (1898) is "A Study from the Life of Elizabeth Caldwell Maclure".[63]

Fondamentale, quindi, l'influenza del Naturalismo francese sul modello di Zola da cui Grand riprende l'utilizzo di uno sguardo oggettivo (che, in alcune storie, si fa più partecipe), l'interesse per l'indagine psicologica dei

---

[62] Marilyn Bonnell, *Sarah Grand and the Critical Establishment: Art for (Wo)man's Sake*, Tulsa Studies in Women's Literature, Vol. 14, No.1, Spring 1995, pp. 123-148.

[63] Ibid., p. 130.

personaggi e per la pressione dell'ambiente e dei fattori ereditari, discorso che si lega, soprattutto in alcuni racconti, alla teoria eugenetica.

In contrasto con la narrativa di stampo vittoriano, inoltre, è da notare la frequenza di *open ending* – tratto riscontrabile, come si vedrà più approfonditamente in seguito, anche in molti racconti delle altre autrici oggetto di questa indagine – e la tendenza a lasciare alcuni elementi in sospeso nella trama, indefiniti o solo accennati, che contribuiscono a creare quel senso di frammento carattere fondante del genere, ben distinto dall'aspirazione alla totalità intrinseca del romanzo: quel "moment of truth"[64] teorizzato, come si diceva, da M. L. Pratt, l'attimo di verità e di vita su cui la *short story* si concentra e dal quale, casomai, sarà il lettore a poter dedurre la vita tutta.

La forza innovativa dei racconti di Grand, tuttavia, risiede soprattutto, come si accennava poc'anzi, nella scelta di quelle tematiche centrali nel dibattito culturale e sociale di fine secolo: la rappresentazione della *New Woman* e del desiderio sessuale femminile, la questione matrimoniale e il doppio standard di giudizio, l'istruzione femminile e lo scontro generazionale. Nella maggior parte delle storie selezionate, inoltre, Grand utilizza un punto di vista femminile interno alla vicenda che prende le distanze dal narratore onnisciente di stampo vittoriano oltre a fare frequentemente ricorso, nei dialoghi, alla puntuale riproduzione della lingua parlata, un elemento quest'ultimo che, come sottolineato ancora da Pratt[65], costituisce una delle

---

[64] Mary Louise Pratt, "The Short story: The Long and the Short of it" (1981), in Charles May (ed.), *The New Short story Theories*, cit., p. 99.
[65] Mary Louise Pratt, "The Short story: The Long and the Short of it" (1981), in Charles May (ed.), *The New Short story Theories*, cit., pp. 91-113.

sperimentazioni di tipo linguistico a cui la forma breve è particolarmente sensibile.

I racconti qui considerati, dopo la pubblicazione su rivista, sono stati poi inseriti nelle due raccolte sopracitate. *Our Manifolf Nature: Stories from Life*[66], pubblicata nel 1894, suggerisce già dal titolo l'idea di un approccio scientifico mediante l'adozione di un punto di vista oggettivo da scienziato; come sottolineato dalla stessa Grand nella prefazione autoriale, tali storie vanno considerate quasi degli studi dal vero della natura umana, osservata direttamente e riprodotta sulla pagina e, pur non potendo prendere alla lettera questa dichiarazione, appare tuttavia evidente l'intento dell'autrice di presentare al pubblico racconti verosimili che riflettono su alcune tra le tematiche al centro del dibattito culturale e sociale di fine secolo, cui la stessa Grand ha apportato il suo contributo in diverse forme. A tale raccolta segue, nel 1908, *Emotional Moments*[67] che comprende testi scritti fra il 1894 e il 1905. Anche in questa è presente una prefazione autoriale, contenente considerazioni circa l'influenza dell'ambiente sociale sul processo creativo e le storie in essa contenute sono state scritte, ricorda Grand, mentre per la prima volta risiedeva stabilmente a Londra: non soltanto, quindi, per una breve visita in cui l'esperienza veniva filtrata dalla gioia per il fatto di essere in città in compagnia di amici. Trovarsi a Londra per un periodo più lungo spinge la scrittrice a riflettere sui ritmi e la sovrabbondanza di stimoli e possibilità che la città offre,

---

[66] Sarah Grand, *Our Manifold Nature: Stories from life*, Heinemann, London, 1894. Edizione di riferimento e da cui sono tratte tutte le citazioni: Sarah Grand, *Our Manifold Nature: Stories from life*, D. Appleton and Company, New York, 1894.

[67] Sarah Grand, *Emotional Moments*, Hurst and Blackett, London, 1908.

dove non c'è più spazio per l'individualità e conta solo possedere. Felicità, al contrario, è nelle cose semplici. La contrapposizione fra ambiente urbano e naturale è evidente in molte storie di Grand nelle quali l'autrice si sofferma ancora sulle tematiche a lei più congeniali e la campagna diviene lo sfondo ideale per l'osservazione dei caratteri, l'indagine psicologica dei personaggi, la riflessione su rapporti, sentimenti e convenzioni sociali, in contrasto con la superficialità e la frenesia della città, che, soprattutto nelle storie della seconda raccolta, è spesso un luogo da cui allontanarsi, seppur per un breve periodo soltanto, alla ricerca di piaceri più semplici, o nuove sensazioni.

The moder girl: *The yellow leaf* ed *Eugenia*

Relativamente all'opera di Grand e alla sua produzione breve, il discorso sulla *New Woman* si inserisce pienamente nel dibattito su questione femminile e matrimoniale, a cui l'autrice partecipa attivamente. Nei due racconti in questa sede selezionati, *Eugenia*[68] e *The Yellow Leaf*[69], entrambi contenuti nella raccolta *Our Manifold Nature*, le considerazioni sul nuovo modello femminile di fine secolo si intrecciano alla riflessione su istruzione femminile e scontro generazionale, eugenetica, relazioni e matrimonio.

---

[68] Prima pubblicazione *Temple Bar* 99 (Dicembre 1893), pp. 509-540. Racconto poi inserito nella raccolta Sarah Grand, *Our Manifold Nature: Stories from life*, cit., pp. 1-51.
[69] Prima pubblicazione *The Pall Mall Magazine*, Vol. 1, Sept. 1893, pp. 621-640; *The Pall Mall Magazine*, Vol.1 Oct. 1893, pp. 781-794; *The Pall Mall Magazine*, Vol. 2, Nov. 1893, pp. 27-48. Racconto poi inserito nella raccolta Sarah Grand, *Our Manifold Nature: Stories from life*, cit. 52-147.

Il nuovo ideale femminile si discosta quindi dai modelli tradizionali inseguiti da gentiluomini in cerca di una moglie, rivelando una realtà più complessa e per alcuni difficile da accettare. In *Eugenia*, ad esempio, Grand tratteggia nell'omonima protagonista del racconto, una *New Woman* indipendente e istruita, fermamente intenzionata a sovvertire i tradizionali codici di corteggiamento selezionando lei stessa l'uomo che ritiene più idoneo come futuro marito e suscitando con i suoi modi non poche perplessità in un altro gentiluomo che avrebbe voluto farne la propria sposa. Il titolo completo, *Eugenia: A Modern Maiden and a Man Amazed*, è indicativo delle tematiche affrontate nel racconto: il sottotitolo suggerisce l'interesse per lo studio delle relazioni tra i sessi nell'ottica dei nuovi modelli comportamentali che si stanno delineando, mentre la scelta del nome della protagonista colloca immediatamente la storia nell'ambito della discussione su teoria eugenetica e darwinismo, molto popolari alla fine del secolo, che concentrava l'attenzione soprattutto sulla relazione intercorrente fra maternità, impero e il ruolo centrale della donna nella selezione del partner ai fini anche della preservazione della razza.

Derivata dal discorso evoluzionista darwiniano, la teoria eugenetica, infatti, sosteneva la necessità di un' attenta selezione sessuale e riproduzione razionale allo scopo di difendere la razza dai pericoli della degenerazione e garantirne, nell'ottica del progetto imperialista, purezza e forza necessarie alla sua sopravvivenza: se nel regno animale la selezione sessuale è compiuta dalle femmine della specie, in quello umano sono tradizionalmente gli uomini ad assumere il ruolo di selettori; tuttavia, considerata la superiorità morale delle donne, secondo le teorie sviluppate da Darwin e dai filosofi dell'eugenetica, il compito di selezionare il partner più adatto dovrebbe invece spettare loro. Come ricorda anche Angelique Richardson:

> By the time of *The Descent of Man, and Selectionin Relation to Sex* (1871), Darwin saw sexual selection as playing a greater and more distinct part in the process of evolution. Observing that while in almost all species females were the choice-makers, he turned humans into an exception, with males the selector rather than the selected. [...] Social purists sought to reverse the androcentric bias of sexual selection, reinvesting women with the agency of selection on the grounds that only they were sufficiently race-aware to make responsible sexual choices.[70]

Secondo questa linea di pensiero, la degenerazione ha investito la società da quando tale potere è passato nelle mani degli uomini, la cui capacità di auto-controllo risulta più debole rispetto a quella femminile in quanto più inclini alla corruzione e al vizio; la degenerazione della razza è infatti provocata soprattutto, dal dilagare delle malattie veneree, conseguenza diretta della condotta immorale degli uomini. Per sottolineare l'influenza delle teorie darwiniane e dell'eugenetica nell'Inghilterra di fine secolo, Richardson utilizza l'espressione "eugenization of love"[71], sostenendo che tale teoria abbia condizionato anche la produzione letteraria, incline ad accoglierne le istanze nel delineare nuovi modelli sentimentali: la carne sottomessa allo spirito nel nome del progresso della razza e il desiderio subordinato all'imperativo della riproduzione, un desiderio, quindi, che

---

[70] Angelique Richardson, *The Eugenization of Love: Sarah Grand and the Morality of Genealogy*, Victorian Studies, Vol. 42, No. 2, Winter 1999-2000, pp. 227-255, citazione p. 239.
[71] Ibidem.

non va celebrato in quanto fine a sé stesso ma solo per scopi riproduttivi.

In generale nell'opera di Grand è possibile riscontrare tracce della teoria eugenetica, principalmente nei suoi romanzi ma, in un certo grado, anche in alcuni racconti, come nel caso di *Eugenia* appunto. Ricollegando il discorso sulla questione matrimoniale a darwinismo ed eugenetica, risulta con maggior evidenza come la polemica sul matrimonio non miri a mettere in discussione l'istituzione stessa bensì dimostri l'importanza di una responsabile selezione sessuale, al fine di preservare la razza ma anche – e soprattutto – garantire la felicità dell'unione. Tuttavia, nel già citato saggio dedicato al rapporto tra *New Woman Fiction* di fine secolo e racconto modernista[72], D'Hoker ed Eggermont fanno notare una certa ironia di fondo nella produzione letteraria di Grand: le stesse teorie evoluzionistiche che servono, nei racconti, a conferire autorevolezza "scientifica" e a sostenere le posizioni femministe, sono state spesso usate da altri per polemizzare contro le "donne nuove" e il loro egoismo pericoloso per il benessere della "razza" britannica. È ironico che Grand scelga di usare tale tipologia di discorso, con tutte le implicazioni che esso comporta, in racconti che danno rappresentazione di una femminilità vitale, in salute, vincente.

Tornando al racconto in questione, ospite nella dimora di Eugenia, nella campagna dell'Inghilterra del Nord, Lord Brinkhampton è fin da principio chiaramente intenzionato a conquistare la giovane donna che egli, erroneamente, giudica idonea a rivestire il ruolo della moglie docile e benestante, ignara dei pettegolezzi sul suo conto, da esibire con orgoglio

---

[72] Elke D'Hoker, Stephanie Eggermont, *Fin de siècle Women Writers and the Modern Short story*, cit.

in società, innocente e ingenua. L'attrazione nei confronti della ricca ospite è immediata e presto evidente, come evidente sarà la distanza tra l'ideale femminile che Brinkhampton crede di trovare in Eugenia e la sua reale personalità. Come di frequente nei racconti di Grand, la vicenda è presentata in prima persona da un narratore interno, in questo caso da una cara amica di Eugenia, probabilmente più vecchia, che ne segue gli sviluppi cercando di conservare un certo grado di oggettività narrativa e non interferire troppo con la storia presentata al lettore. Il narratore si presenta infatti come un "umile artista" intento nello studio del mondo e della natura umana così come appare a un osservatore attento. Inizialmente oggetto di tale osservazione è la società cittadina[73], superficiale, a tratti volgare, materialista e rigidamente impostata sul rispetto di codici comportamentali, convenzioni e idee.

Brinkhampton, lo scapolo intenzionato a trovare moglie e sistemarsi, è appunto espressione di questo ambiente, di cui rappresenta vizi e debolezze: il narratore si sofferma più volte sulla descrizione dell'abbigliamento e delle abitudini dell'uomo – mentre, per esempio, sono pochissime le occasioni in cui si fa accenno all'aspetto di Eugenia –, che contrastano con l'ambiente rurale nel quale decide di trascorrere del tempo alla ricerca della moglie ideale e dove non è mai del tutto a proprio agio. È, la campagna, un luogo senza tempo – e non geograficamente ben definito nel racconto –, dominato da una natura a tratti selvaggia e impetuosa, specchio del carattere della protagonista; il paesaggio è descritto piuttosto dettagliatamente da Grand, la

---

[73] Come si vedrà meglio in seguito, la società e in generale l'ambiente urbano sono spesso presenti nei racconti di Grand contrapposti alla campagna, luogo ideale.

quale richiama colori e suoni di un ambiente che non è semplice sfondo ma parte integrante della storia. Una società antica, in cui ancora sopravvivono alcuni usi e leggende, ma anche aperta al nuovo, ben più di quanto lo sia l'ambiente cittadino rappresentato da Brinkhampton; il luogo ideale dove la protagonista può muoversi liberamente, priva di vincoli famigliari, indipendente e vitale, a proprio agio, diretta e forte. In generale, nei racconti di Grand, la rappresentazione dell'ambiente naturale sembra contrastare con l'estetica decadente di fine secolo, per avvicinarsi invece al gusto romantico: è, infatti, una natura incontaminata in cui sentirsi liberi dalle costrizioni sociali e dove ritrovare valori essenziali, che riflette – per affinità o per contrasto – i sentimenti dei personaggi.

La natura è Eugenia stessa e la *New Woman* protagonista della storia viene presentata in contrapposizione al modello femminile tradizionale, qui rappresentato dall'ideale di Brinkhampton, che rivela prontamente le proprie intenzioni. La donna che egli intende prendere come moglie non deve essere troppo acuta, bensì soltanto "something nice to look at and agreeable to caress when one's in the mood"[74] e con "conventional ideas"[75] o, meglio ancora, priva di opinioni se non quelle del proprio marito. Risulta quindi evidente quanto l'oggetto del desiderio di Brinkhampton sia lontano dall'ideale femminile da lui ricercato: Eugenia è infatti una ragazza moderna, con pensieri propri che non si vergogna di esprimere, un buon grado di istruzione e una notevole vitalità e capacità fisica, che contrasta con la delicata maschilità del suo corteggiatore, affascinato ma allo stesso tempo quasi intimorito dai modi diretti della ragazza, così

---

[74] Sarah Grand, *Eugenia*, cit., p. 17.
[75] Ibidem.

"americanizzati"[76] e poco sofisticati rispetto alle donne che normalmente frequenta.

Brinkhampton appare, insomma, fuori posto e in contrasto con la natura selvaggia e la vitalità di Eugenia: più volte durante il racconto, il narratore accenna alle debolezze dell'uomo, ai nervi scossi, ai capogiri – tutti elementi che tradizionalmente sono riferiti a figure femminili –, alla sua incapacità di reagire in maniera adeguata di fronte al pericolo e all'abbigliamento ricercato e curato fino all'eccesso che contrasta con l'ambiente che lo circonda. A tratti, Mr Brinkhampton risulta quasi una caricatura del *dandy* di fine secolo, per quanto appare concentrato sul proprio aspetto, incline al piacere[77] e non proprio a suo agio nel contatto con la natura. Un ambiente a cui l'uomo non appartiene e dal quale desidera portare via Eugenia, per mostrarle tutto ciò che la società cittadina può offrire; non è difficile, quindi, immaginarlo maggiormente a suo agio in un contesto cittadino – come infatti avveniva nelle scene di apertura del racconto – nel quale i suoi modi e stile di vita sono un tratto comune fra maschi dello stesso ceto sociale.

In quell'ambiente rurale, a proprio agio e libera, Eugenia è invece indipendente e scarsamente interessata al matrimonio laddove questo comporti accettare un compagno inadatto, qualcuno che reputa non abbastanza per lei; non

---

[76] Con accezione negativa, simbolo di una femminilità ben lontana dai canoni inglesi tradizionali di stampo vittoriano. Sul tema della "ragazza americana" si vedranno in seguito alcuni esempi nei racconti di D'Arcy e Caird.

[77] Più volte nel corso della storia viene sottolineata la cura con cui Mr Brinkhampton sceglie il proprio abbigliamento sempre molto ricercato, la propensione per una vita comoda e oziosa, l'apprezzamento per il buon cibo e il vino. Rappresentante di una maschilità effeminata, debole sia da un punto di vista fisico quanto morale.

manca di sottolineare il disprezzo nei confronti di quella società tanto elogiata dal suo corteggiatore, che lei considera invece superficiale, corrotta, monotona, dominata da codici ormai superati[78]. È, invece, nella natura che Eugenia appare in tutta la sua vitalità, indipendente e forte, esempio di un nuovo modello femminile, a proprio agio fuori dalla sfera domestica:

> She was, in fact, essentially a modern maiden, richly endowed with all womanly attributes, whose value is further enhanced by the strength which comes of the liberty to think, and of the education out of which is made the material for thought. With such women for the mothers of men, the English-speaking races should rule the world.[79]

La giovane sembra lusingata – sebbene non del tutto interessata – dalle attenzioni di Brinkhampton che inizialmente non scoraggia in maniera diretta e, come osserva il narratore, pare raffinare i propri modi avvicinandoli a quelli del corteggiatore ma senza per questo perdere la propria semplicità o mostrare di provare un reale sentimento nei confronti dell'uomo. È il narratore a dimostrare presto una certa perplessità nei confronti del corteggiamento tra personalità tanto differenti, insinuando nel lettore il dubbio

---

[78] A sottolineare il proprio disprezzo per la Società, Eugenia fa più volte riferimento ai romanzi di Ouida (pseudonimo di Maria Louise Ramé, 1839-1908), a sua volta interessata alla questione femminile e alla rappresentazione nei propri romanzi di nuovi modelli femminili che si discostano dall'ideale tradizionale vittoriano e critica nei confronti della Società cittadina. L'opera di Ouida è citata in diverse *short stories* del periodo, tra cui, solo per fare un esempio, i racconti *Eugenia* e *The Yellow Leaf* di S. Grand.

[79] Sarah Grand, *Eugenia*, cit., p. 27

circa le reali possibilità di felicità di un eventuale matrimonio tra i due. Per l'indipendenza che la caratterizza, Eugenia rifiuta di assecondare i codici tradizionali anche in materia di corteggiamento e, respinta con decisione la proposta di matrimonio di Brinkhampton, dichiara lei stessa i propri sentimenti all'altro giovane della compagnia, Mr Saxon Wake, e il desiderio di sposarlo, in un sorprendente rovesciamento dei ruoli. Spiegando all'amica/narratore le ragioni del proprio rifiuto, Eugenia rivela inequivocabilmente la profondità del proprio carattere, l'intelligenza e la maturità che l'hanno condotta a una decisione consapevole e definitiva, che giustifica razionalmente, senza accennare a sentimenti – che vi siano oppure no – così come razionali saranno le motivazioni che la spingono a dichiararsi a Saxon. Eugenia, seppur giovane di età, dimostra quindi di essere pienamente capace di comprendere la propria vita, la posizione in cui si trova, le conseguenze delle scelte, una *New Woman* che si confronta con gli uomini da pari a pari, parlando in maniera diretta.

Saxon Wake rappresenta l'uomo più adatto: già il nome suggerisce purezza razziale, forza e stabilità e l'aspetto, nella descrizione fatta dal narratore, è quello di un uomo alto, di bella presenza, dai modi distinti; laureato a Cambridge, appartiene a un'antica famiglia locale, in una posizione sociale subalterna rispetto a Eugenia, ma compensata da valore e salute, a sottolineare il ruolo rivestito da qualità morali e fisiche nella scelta del compagno adeguato. Ed è proprio unendosi a Saxon che Eugenia può infatti spezzare definitivamente la maledizione di famiglia che per generazioni aveva colpito gli uomini scelti come mariti, non adeguati, deboli e quindi incapaci di sopravvivere alle proprie compagne. Una maledizione che Eugenia attribuisce a un antico crimine commesso da una sua antenata e che da allora sembra condannare i maschi della famiglia, finché tale anatema non sarà sconfitto proprio mediante la scelta del compagno adeguato. Leggenda e superstizioni inserite in questa storia, richiamano temi della tradizione gotica e romantica di inizio secolo, che Grand rielabora e utilizza a rinforzo delle proprie teorie sulla questione matrimoniale; la stessa "maledizione" che ha colpito le donne della famiglia, si lega secondo Eugenia a una società che non sembra ancora del tutto disposta ad accettare che una donna – specie se nubile – possa godere di posizione e potere economico.

Eugenia quindi, nel nome di quella teoria eugenetica che mirava, attraverso un'attenta selezione, al miglioramento della specie umana, sceglie l'uomo maggiormente dotato secondo lei delle qualità fisiche, ma soprattutto morali, che lo rendono idoneo come compagno:

> The roar of the rolling spheres, astronomers say, is so tremendous as to be beyond the hearing of our mortal ears; and so the sudden upward impulse of the human race in this our day, as shown in the attitude of women, is beyond the earthbound comprehension of most men.[80]

Il contrasto fra Saxon e Brinkhampton è evidente e mette ancora più in risalto l'inadeguatezza di quest'ultimo e l'impossibile riuscita di una felice unione fra lui ed Eugenia.

In questa lunga *short story*, quindi, non mancano elementi di comunanza con il *novel* e la narrativa più tradizionale richiamata dall'impianto allegorico-didascalico: Grand costruisce infatti un racconto piuttosto lungo, ricchissimo di dettagli e dalla trama articolata che sembra scontrarsi con quel principio di essenzialità, rifiuto di tutto ciò che è

---

[80] Sara Grand, *Eugenia*, cit., p. 50.

superfluo espresso da Poe e da Woolf[81]. Alla trama complessa si aggiunge inoltre la costruzione di un *background* piuttosto dettagliato rispetto alle *short stories* della stessa autrice e soprattutto delle altre in questa sede considerate, che insieme alla scelta di un finale piuttosto definito e, naturalmente, alla lunghezza stessa del racconto, sembrano quindi concorrere ad avvicinare la storia al romanzo. L'attenzione per la *Woman Question*, il matrimonio e l'influenza della teoria eugenetica, il punto di vista femminile sulla vicenda, riconducono infine il racconto al dibattito culturale di fine secolo.

La riflessione sul tema dell'educazione femminile è invece centrale nel racconto *The Yellow Leaf*[82], come il precedente contenuto nella raccolta *Our Manifold Nature*. Protagoniste della vicenda sono tre giovani, adolescenti (nella prima, più lunga, parte del racconto) poi donne, che si trovano a trascorrere del tempo insieme presso la casa di una di loro, quella stessa dove torneranno diversi anni dopo nella seconda parte del racconto. Da un punto di vista strutturale risulta interessante la tecnica narrativa scelta dall'autrice: la narrazione in prima persona per voce di una delle protagoniste permette al lettore di osservare la scena direttamente dall'interno e, progressivamente allo sviluppo della trama, il tono e il punto di vista si fanno sempre meno oggettivi. Le protagoniste – oltre alla narratrice, di cui non viene rivelato il nome – Adalesa ed Evangeline, sono due giovani donne estremamente differenti, le cui stesse vite prenderanno strade altrettanto diverse. Adalesa, bella, spontanea, diretta, spiritosa e vivace, rappresenta la donna moderna, la *New Woman* che è incline a diventare.

---

[81] Christine Reyner, *Virginia Woolf's ethics of the short story*, cit., p. 20.
[82] Sarah Grand, *The Yellow Leaf*, cit., pp. 52-147.

In viaggio da Londra verso la casa di Evangeline, in campagna, incontra la giovane che come lei sarà ospite di zio Henry e Lady Marsh e immediatamente si rivolge alla ragazza semplicemente e in maniera diretta, facendone poi, a pochi giorni dalla loro conoscenza, la propria confidente e amica. È una giovane piena di vita e passione, abituata a parlare con disinvoltura, a tratti irriverente e ribelle, che ha ricevuto una buona istruzione e appare fin da principio poco incline a seguire codici comportamentali che considera obsoleti. È bella e femminile, di una femminilità nuova e moderna, che reputa gli uomini propri pari; dai modi spigliati, viene presentata al lettore attraverso lo sguardo della narratrice, fin da principio colpita dalla vivacità della compagna di viaggio – a tratti sorpresa di fronte a quei modi diretti – che ne descrive l'aspetto e l'abbigliamento moderno, gli abiti più corti e comodi, adatti al viaggio e a una vita che intuiamo da subito piuttosto attiva.

Adalesa si dimostra, dunque, a proprio agio, probabilmente già abituata a viaggiare sola e muoversi con un certo grado di libertà, e inizialmente i suoi modi contrastano un po' con la gravità della compagna di viaggio; è una giovane donna che ama l'attività – per esempio, insiste per guidare la carrozza dalla stazione alla dimora di zia Marsh, rivelando la disinvoltura di chi è abituato a farlo – e la vita all'aria aperta e il contatto con la natura in quei luoghi in prossimità del mare hanno su di lei un effetto galvanizzante. Anche in questa storia l'ambiente rurale rappresenta lo sfondo ideale, intimo e lontano da superficialità e rigidi codici comportamentali della Società cittadina, per studiare da vicino la natura umana, che si rivela agli occhi del narratore nella sua complessità; la campagna, poco distante dal mare – che torna spesso nelle storie di Grand, di frequente ambientate in luoghi in prossimità della costa –, è pulsante di vita e soprattutto Adalesa vi si avventura spesso, anche da sola, per cavalcare o semplicemente per pensare. Ed è l'intimità del bosco a favorire le confidenze tra ragazze, non la casa, bensì la natura che riflette stati d'animo e sentimenti, accoglie solitudini o desiderio di libertà e movimento, rivelazioni e lacrime.

La casa, invece, è il regno di Evangeline, protetta dalle comodità che offre ed è per lei, contrariamente ad Adalesa, il luogo ideale per le confidenze: sappiamo che qualche volta si avventura all'esterno – appena le sue ospiti arrivano, Evangeline non è in casa ad accoglierle ma fuori per una passeggiata a cavallo – ma raramente la vediamo direttamente impegnata in qualche attività all'aperto, nella natura, troppo delicata per sopportare la fatica di una vita attiva. Evangeline rappresenta un tipo femminile più tradizionale: civettuola, più incline al divertimento che allo studio, preparata soltanto a diventare un giorno moglie e madre. Lady Marsh, che segue l'educazione della figlia e, durante il loro soggiorno, cerca di correggere quella delle giovani ospiti, è in questo racconto portavoce dei valori tradizionali, di un codice di regole morali di stampo vittoriano secondo cui le donne devono essere prive di opinioni proprie: come viene sottolineato anche in *Eugenia*, devono adottare casomai quelle del marito e prepararsi a ricoprire un ruolo il cui mistero tuttavia non deve essere del tutto svelato per non turbarne l'innocenza, ma semplicemente coltivando bellezza e modi al fine di poter adeguatamente competere sul mercato matrimoniale. È un'educazione rigida e tradizionale che, agli occhi di Adalesa, ha un effetto soffocante nonostante la gentilezza e la premura con cui Lady Marsh si prende cura della figlia, mentre Evangeline la segue con fiducia.

You will own that we were intended to be healthy and happy – that we require to be so in order to be equal to such duties as we have to perform – and how can we be so if we go and injure ourselves with work we are not fit for? [...] Men were clearly intended to do all the hard work, and keep us in comfort, and screen us from anything objectionable. My ambition is to be a womanly woman. I think mamma is quite right.[83]

Per contro, Lord Henry è, rispetto alla moglie, più affettuoso con le ragazze, soprattutto con Adalesa; un personaggio che resta sempre un po' sullo sfondo della storia, ma che nei rari momenti in cui compare sulla scena viene descritto con dolcezza, nell'accogliente biblioteca che è il suo rifugio privato in quella dimora dominata da donne.

Lady Marsh, insomma, segue attentamente l'educazione della figlia e nel racconto diviene simbolo di un sistema di valori tradizionali ancora dominante a fine Ottocento; Adalesa e l'altra giovane ospite sono rappresentanti invece di un metodo educativo differente, moderno, come differente è la loro stessa femminilità. Già dall'incipit della storia si intuisce la tipologia di educazione impartita alla giovane narratrice, in viaggio, per la prima volta da sola, da Londra alla campagna, eccitata per la libertà e il significato che tale esperienza assume agli occhi di una giovane donna. Sia la narratrice che Adalesa sono state cresciute da madri che ritengono fondamentale dare alle figlie le stesse opportunità di istruzione concesse ai maschi:

My mother is great on the question of education. She says she has suffered all her life long for having had hers curtailed, and she is determined therefore that her daughters shall have

---

[83] Sarah Grand, *The Yellow Leaf*, cit., p. 74.

every advantage that her sons have. If we are not clever enough to profit there will be no harm done; and if we are, she expects us to be thankful that we were allowed to experiment and see what we could do, instead of being kept ignorant in deference to a mere theory that we have no mental capacity.[84]

In quest'ottica, quindi, non esistono materie adatte alla mente femminile e altre meno, come non esistono discipline esclusivamente maschili: Adalesa e le ragazze come lei credono nel proprio diritto all'istruzione seguendo le naturali inclinazioni. Anche la voce narrante, che inizialmente osserva la storia con un certo grado di distacco e oggettività e sembra fungere da mediazione fra i due modelli opposti di femminilità rappresentati da Adalesa ed Evangeline, in breve si fa più partecipe e incline a prendere una posizione chiara, che coincide per lo più con quella di Adalesa. Entrambe, si è detto, condividono il medesimo sistema educativo e, a differenza di Evangeline, sembrano adatte a ricoprire in futuro il ruolo a loro più congeniale, non necessariamente quello di mogli e madri. Grazie all'educazione ricevuta, Adalesa si relaziona con l'altro sesso in maniera differente rispetto alla cugina, come tra pari: rappresenta una femminilità più moderna e consapevole, non soltanto della propria bellezza; uomini e donne sono considerati come individui, non categorie, e non reputa sé stessa inferiore rispetto a un uomo in quanto tale. Seguendo gli insegnamenti materni invece, Evangeline è cresciuta come una *womanly woman*: conosce solo il potere del proprio fascino e, mediante bellezza e docilità, è convinta di poter soddisfare gli ideali maschili tradizionali. La perdita della bellezza e della

---

[84] Ibid., p. 67.

gioventù – quella foglia del titolo, che troppo in fretta diviene gialla – è quindi un fantasma spaventoso che, come sarà evidente nella seconda parte del racconto, Evangeline non riuscirà a fronteggiare.

Le implicazioni del titolo risultano pienamente evidenti solo a lettura ultimata: la foglia gialla rappresenta l'autunno della vita a cui Evangeline è incapace di arrendersi ma, in maniera opposta, appare anche come un richiamo al colore simbolo degli anni Novanta, i cui ideali sono incarnati da Adalesa. La stessa foglia che compare anche in due momenti similari della storia, il ballo e, molti anni dopo, il patetico tentativo di ricreazione dello stesso: è la narratrice, in entrambi i casi, a notare, seduta per un attimo in disparte, la lucida foglia verde scuro di una grande palma nell'angolo tra la finestra e la porta del salone, che si muove, parendo animata nella corrente creata dagli invitati che danzano, come Evangeline che prende vita nella sala gremita di persone, e poi si posa a ballo concluso; la stessa foglia, ora ingiallita, che osserva diversi anni dopo e che ha perso tutto il colore e la vivacità di un tempo. Questa seconda parte del racconto viene introdotta da alcuni versi tratti dal *Macbeth* di Shakespeare che ne preannunciano la gravità:

> I have lived long enough: my way of life
> Is fallen into the sere, the yellow leaf[85]

Di fronte alla battaglia imminente contro il rivale MacDuff, il sovrano si prepara allo scontro mentre sempre

---

[85] William Shakespeare, *Macbeth*, Atto V, scena III, edizione di riferimento Mondadori, I Meridiani, Milano, 1976. Da tali versi è ripreso, inoltre, il titolo con cui il racconto appare per la prima volta su The *Pall Mall Magazine*, ossia *The Sere, The Yellow Leaf. A Study from Life*.

più evidente la possibilità di essere sconfitto e, certo di aver ormai vissuto abbastanza della sua vita, questa gli appare ora come una foglia gialla, appassita e destinata a cadere; un senso di tragica desolazione attraversa questo passo, carico di pessimismo per la fine imminente. Emblematica, quindi, la scelta proprio di questi versi a introdurre la parte conclusiva del racconto di Grand dove la foglia gialla, perso il richiamo ai *Yellow Nineties*, appare soltanto nel suo significato di perdita di una spensierata e più felice gioventù, della bellezza, simbolo dell'autunno della vita a cui non tutti sono preparati.

La parte conclusiva, infatti, vede le tre, ormai donne, fare ritorno per un breve soggiorno nella casa di Lady Marsh e del marito. Qui si ritrovano di nuovo insieme, dopo diversi anni, ed è l'occasione per riflettere su ciò che il destino ha riservato a ognuna di loro. Adalesa ha trovato la felicità coniugale e un'inaspettata posizione sociale, guadagnando con il matrimonio il titolo di duchessa; la narratrice, anch'essa felicemente sposata, è ora una scrittrice piuttosto nota. Entrambe realizzate e soddisfatte delle proprie vite, accanto a compagni adatti, rappresentano il successo di quel moderno sistema educativo nel quale sono cresciute e che ha permesso loro di diventare donne dalla vita piena e soddisfacente, che non temono i cambiamenti e le sfide del mondo contemporaneo.

Il racconto di Grand si carica nel finale di sfumature tragiche, fino all'amaro epilogo, a sottolineare, con la caduta di Evangeline, l'aperta polemica nei confronti del sistema educativo vittoriano. Spinta forse dal capriccio e dalla competizione con Adalesa, Evangeline aveva fatto in modo di essere scelta al posto della cugina dall'affascinante Mr Perceval, presto diventato suo marito; questi aveva visto in lei la realizzazione del rassicurante ideale femminile tradizionale e quindi la compagna più adatta. Quando, nell'ultima parte del racconto, ritroviamo le protagoniste a distanza di molti anni, il cambiamento di Evangeline è tristemente evidente: eterna bambina, soffocata dalle attenzioni materne, impreparata ad alcun ruolo alternativo a quello di moglie e costretta in un matrimonio che non le ha portato la felicità sperata, il suo volto precocemente segnato, l'antica gaiezza appare come una maschera per celare l'insoddisfazione della vita che ha scelto. Delusa, incapace di accettare lo sfiorire di quella bellezza che aveva significato tutto per lei, non è in grado di sopportare il confronto tra la propria infelice vita adulta e la realizzazione di Adalesa, scegliendo un ultimo, gesto estremo: da tempo dipendente dalla morfina, prende una dose fatale. Un biglietto, ritrovato da Adalesa, rende evidente che non si sia trattato di un incidente ma di una scelta consapevole, un'overdose di morfina "taken to relieve pain"[86] come recita il finale, lasciando in sospeso più di un significato.

Come per *Eugenia*, la lunghezza di questo racconto è solo uno degli elementi che sembrano avvicinarlo al romanzo più che alla forma breve: la "unity of effect"[87] indicata da Poe tra i tratti caratteristici del genere, in storie come *The Yellow Leaf* ed *Eugenia* risulta meno immediata e, da un punto di vista strutturale, evidente il rapporto diretto con il romanzo, da cui riprende inoltre, come si è detto in precedenza, la tendenza a trame complesse, ricche di dettagli, accadimenti e dal *background* piuttosto delineato. Tuttavia traspare in entrambe le storie il desiderio di sperimentazione, se non da un punto di vista linguistico e formale, sicuramente nel soggetto, negli argomenti trattati, anch'esso,

---

[86] Sarah Grand, *The Yellow Leaf*, cit., p. 147.
[87] Edgar Allan Poe, *Twice-Told Tales: A Review*, cit., p. 298.

come sottolineato per esempio da Pratt[88], elemento peculiare della forma breve. Laddove inoltre sembra mancare in storie di questo tipo la caratteristica "apertura nervosa" della *short story* fondamentale secondo O'Faolain[89] per catturare fin dall'incipit l'attenzione del lettore, il finale viene caricato di particolare enfasi e, come nel caso di *The Yellow Leaf*, di tragica intensità mista a un certo grado di ambiguità, che darà origine a "finali aperti" veri e propri in altri racconti di Grand.

Spinster: *She was Silent, The Wrong Road, A New Sensation*

La nuova femminilità rappresentata dalla *New Woman* ha, quindi, un ruolo centrale nella produzione letteraria di fine secolo e appare come il punto di vista privilegiato da cui osservare mutamenti e nuove dinamiche sociali e personali della società contemporanea. Frequenti, inoltre, i casi in cui il desiderio di indipendenza della protagonista si lega alla scelta di non sposarsi: se infatti, nella produzione letteraria tipicamente vittoriana l'*happy ending* coincideva quasi sempre con il matrimonio, considerato naturale ed esclusiva forma di realizzazione femminile, nelle *short stories* di fine secolo sono spesso le donne non sposate, emancipate e finanziariamente indipendenti, a diventare simbolo di successo e felicità. Non più rappresentate come "spinster", zitelle tristi da commiserare, sono invece donne libere, dalla vita piena e

---

[88] Mary Louise Pratt, "The Short story: The Long and the Short of it" (1981), in Charles May (ed.), *The New Short story Theories*, cit.
[89] Sean O'Faolain, "The Short story", in Vittoria Intonti (a c. di), *La poetica della forma breve*, cit., p. 163.

soddisfacente, spesso anticonvenzionale. Grand, da sempre sensibile alla questione matrimoniale, in alcuni dei suoi racconti rappresenta donne single – nubili o vedove – realizzate e indipendenti, spesso più felici di coloro che sono legate al compagno sbagliato.

Nella raccolta *Emotional Moments*, sceglie appunto una donna non sposata come protagonista del racconto *She was silent*[90]: Aldha, protagonista e voce narrante della storia, è una donna che ha scelto di stare sola, soddisfatta di una vita piena e appagante, e che si ritrova a raccontare a un caro amico venuto in visita presso la sua casa di città, l'improvvisa passione che ne ha turbato la tranquillità. La scena di intimità e confidenze è sottolineata – come sarà similmente in altre storie di Grand – dall'ambiente raccolto di una stanza riscaldata dal fuoco del camino, mentre fuori nevica, a pomeriggio inoltrato; immediatamente il lettore viene quindi accolto nell'intimità del salotto e delle confidenze che vi hanno luogo, sentendosi quasi parte della storia stessa, mentre la descrizione del cielo che sul far della sera si colora di fiamme rosse come un bacio appassionato su pallide guance anticipa il tono del racconto. Quella che lei stessa definisce – ora, con un apparente distacco dagli eventi che si accinge a narrare – un'ossessione: l'incontro, in campagna a casa di amici, con Mr Strawne che in breve tempo si trasforma da semplice amicizia a relazione sentimentale; non sembra tra i due esserci allusione al matrimonio, ma appare invece piuttosto evidente il coinvolgimento fisico e, quali che siano le possibili implicazioni sentimentali, ciò che la confessione di Aldha sottintende è, infatti, la forte passione

---

[90] Prima pubblicazione su *Lady's Realm: An Illustrated Monthly Magazine* (Novembre 1896), pp. 241-249. Racconto poi inserito nella raccolta Sarah Grand, *Emotional Moments*, cit., pp. 143-170.

condivisa. A turbare l'equilibrio è l'arrivo di un'altra donna ma, nonostante l'iniziale gelosia, le due in breve stringono un profondo legame di amicizia che le spingerà qualche tempo dopo a confidarsi reciprocamente e scoprire così che sono invaghite dello stesso uomo, il quale ha avuto una simile relazione con entrambe. Tornata in città, Aldha riflette su quanto accaduto ma, di fronte alla domanda diretta dell'amico in visita su quale sia stata la conclusione della storia, fissa il fuoco del camino e resta in silenzio, lasciando il confidente – e il lettore – in sospeso.

Un racconto che, come intrinseco del genere, lascia molti elementi indefiniti: scarse informazioni sulla protagonista (non sappiamo precisamente dire quanti anni abbia, che tipo di lavoro svolga), così come pochi sono i riferimenti geografici e temporali, che contrastano efficacemente con le descrizioni dettagliate della natura e dei sentimenti. Gli eventi narrati si presentano in una forma a metà fra la confessione – all'amico, al lettore – e il flusso di coscienza di stampo modernista, quasi l'intento della protagonista sia quello di ripercorrere la storia da lei vissuta e chiarirla così a sé stessa per meglio decidere quale conclusione darle, che in quest'ottica appare quasi in divenire.

In questo racconto, inoltre, la natura è la cornice ideale per rappresentare la nascita del sentimento amoroso, con la bellezza dei suoi elementi e l'intimità tra due sconosciuti che passeggiando insieme immaginiamo lentamente rivelarsi l'un l'altro. Come la natura si risveglia dopo l'inverno, anche la protagonista sembra scuotersi dal torpore mediante la scoperta del sentimento:

I was in a curious state just then, a state of numbness, a dull, heavy, homeless state, without pleasure and without pain. I could see things were good or bad, ugly or beautiful, but I could not feel it. I was indifferent to everything[91].

L'interesse per Mr Strawne e il sentimento che nascerà apportano un cambiamento nel modo di sentire della protagonista, che ora avverte più profondamente la bellezza della natura, descritta dettagliatamente dall'autrice mentre le si rivela. La relazione, con il "ritorno alla vita" della protagonista, assume presto un'evidente connotazione passionale:

At first the days were a dream, the nights a passionate protest [...] I had been captured by a generous force that heals when it wounds, and gives to the utterly vanquished the greatest joy.[92]

Evidente l'allusione al desiderio sessuale femminile, fuori dal legame matrimoniale, che Grand inserisce in questa storia e che la avvicina ulteriormente, come si vedrà, alle altre scrittrici oggetto di questa indagine, soprattutto a Egerton. Tuttavia, il turbamento della protagonista, non deriva da una relazione che non sembra portare a precisi progetti matrimoniali, ma dalla rivalità con un'altra donna coinvolta: dopo l'iniziale gelosia, infatti, ciò che sconvolge Aldha è il senso di colpa nei confronti della nuova amica, quasi stesse tradendo il tacito accordo di solidarietà femminile che le lega. Decisa a strappare "that page of poetry out of my life"[93], la protagonista sembra scegliere l'amicizia, troncando la relazione con Mr. Strawne.

---

91 Sarah Grand, *She was silent*, cit., p. 149.
92 Ibid.., p. 157.
93 Ibid., p. 168.

Il racconto, quindi, oltre alla rappresentazione di nuovi codici comportamentali, pone all'attenzione del lettore la riflessione intorno al tema dell'amicizia e della solidarietà fra donne, ricorrente in molte *short stories* in questa sede considerate. Il silenzio della protagonista, in risposta alla domanda del confidente circa l'esito della storia, riprende inoltre, e chiarisce, il titolo del racconto (*She was silent*), espressione del dubbio di Aldha divisa tra passione e lealtà, tra desiderio sessuale e amicizia, che l'autrice lascia volutamente in sospeso rifiutando di dare un giudizio sulla questione; titolo e battute finali addirittura coincidono e sottolineano il momento di intensità rappresentato dalla chiusura, come evidenziato, si è visto, da Ejchenbaum[94].

Un altro esempio di donna single è rappresentato dalla protagonista di *The Wrong Road*[95], anch'esso inserito nella raccolta *Emotional Moments*, che si distingue da Aldha sotto diversi aspetti: in primo luogo, Lady Grace diversamente dalla protagonista del racconto precedente non ha realmente scelto la propria condizione di donna non sposata, pur essendovisi poi, suo malgrado, adattata. Il racconto apre direttamente con la descrizione della protagonista, decisamente più dettagliata rispetto a quanto avveniva nella storia precedente: una donna dall'aspetto piacevole, nonostante i capelli precocemente ingrigiti, dai modi eleganti, che immaginiamo avere un'età sospesa fra i trenta e i quarant'anni; il narratore ne accenna, oltre all'aspetto, alcuni tratti del carattere, quieto e dolce. Per fornire tale descrizione

---

[94] B.M. Ejchenbaum, "Teoria della prosa" (1927), in Vittoria Intonti (a cura di), *La poetica della forma breve*, cit., pp.107-114.
[95] Prima pubblicazione su *The English Illustrated Magazine* 147 (Dicembre 1895), pp. 221-228. Racconto poi inserito nella raccolta Sarah Grand, *Emotional Moments*, cit., pp. 215-242.

ed enfatizzare l'apparenza di calma eleganza della donna che in principio è difficile immaginare preda di turbamenti sentimentali, Grand fa ricorso a immagini naturali di alberi, fiumi, ruscelli che mormorano. È una *single woman* a cui le giovani si rivolgono in cerca di un consiglio su sentimenti e relazioni e che si dimostra senza dubbio maggiormente bendisposta delle donne sposate di loro conoscenza. Ed è appunto in seguito a una di queste richieste che Lady Grace decide di raccontare la propria esperienza sentimentale per metterle in guardia dall'eccesso di orgoglio che è costato a lei stessa non poche sofferenze.

The Wrong Road è, infatti, la storia di un amore perduto: molti anni prima Lady Grace era felicemente fidanzata con un gentiluomo, ma un pomeriggio che questi ritardava al loro appuntamento, stanca di aspettarlo aveva deciso di uscire accompagnata da un amico; giunti ai Kensington Gardens per una passeggiata, Gregory, l'uomo con cui è fidanzata, vedendoli insieme sorridenti e in un certo grado di intimità, equivoca la situazione e si allontana amareggiato. Fraintendimento che, per colpa dell'orgoglio della donna e della testardaggine di Gregory, non verrà mai chiarito, portando infine i due innamorati a rompere il fidanzamento senza una parola. La giovane, affranta per quanto accaduto, ogni giorno si reca da sola al parco sperando di incontrare l'amato nel percorso che lo riporta a casa dopo il lavoro e chiarire finalmente la situazione, ma questo non avviene.

Il tempo passa senza che i due si incontrino: i giorni, le stagioni e poi gli anni scorrono scanditi dai ritmi della natura che Grand usa per descrivere la vita che procede e muta intorno alla donna, la quale invece sembra restare ferma in attesa dell'uomo che ama. La natura è un elemento centrale in questo racconto, che l'autrice utilizza ancora una volta per scandire lo scorrere del tempo o descrivere stati d'animo e sentimenti; l'ambiente naturale è rappresentato, quindi, come luogo ideale, che con i suoi ritmi, la bellezza e la tranquillità può ispirare la calma, la riflessione e che diviene, in questa storia, il luogo dell'attesa, pulsante di vita, i cui mutamenti contrastano appunto con l'immobilità della protagonista. Osserva le stagioni che si susseguono una dopo l'altra, le giovani coppie di innamorati che attraversano il parco, mentre il tempo passa inesorabile, rifiuta altre proposte di matrimonio, convinta che prima o poi arriverà il suo momento con Gregory, mentre lentamente il dolore si attenua, fino quasi a sparire del tutto. Poi, finalmente, i due si incontrano, dopo diversi anni: tuttavia il momento tanto atteso non rappresenta il climax immaginato: troppo tempo è ormai trascorso, i sentimenti si sono raffreddati mentre ancora restano lampi di orgoglio che impediscono un sincero chiarimento. L'incontro casuale, avvenuto proprio quel giorno che l'uomo prende una strada diversa dal solito percorso, tradisce la lunga attesa. Ancora una volta, a lettura ultimata il titolo appare più chiaro, nelle sue molteplici implicazioni: "la strada sbagliata" è l'incauta decisione della giovane, tanti anni prima, di accettare l'invito dell'amico e scatenare la gelosia e il fraintendimento del fidanzato, ma anche la scelta guidata dall'orgoglio, l'attesa nel luogo sbagliato, la fierezza di entrambi che porta a decisioni errate e a una vita che, se non infelice, non è tuttavia quella che avevano immaginato in gioventù.

Lady Grace e Aldha rappresentano, dunque, modelli differenti di donna nubile: l'una, come si diceva, realizzata e indipendente, una "glorified spinster"[96] che intuiamo aver

---

[96] Stephanie Forward, *Attitudes to Marriage in the late Nineteenth Century, with special reference to the lives and works of Olive Schreiner, Mona Caird, Sarah Grand and George Egerton*, Phd Thesis, cit. p. 34.

scelto consapevolmente di non sposarsi, si muove libera in città come in campagna, circondata da amici e che non rinuncia alla passione in un legame fuori dal matrimonio; l'altra, che accetta passivamente tale condizione e dalla propria esperienza trae insegnamenti da trasmettere alle giovani innamorate, ma scegliendo di vivere una vita ritirata, lontana da passioni e nuovi turbamenti, all'apparenza dedita solo al proprio lavoro, per sempre cristallizzata nell'attesa.

Le modalità narrative scelte da Grand sono invece simili, con il racconto che si sviluppa per mezzo delle parole della protagonista rivolte a uno o più confidenti, seppur con intenzioni differenti: nel primo la narrazione dei fatti pare a tratti, come si diceva, un flusso di coscienza, una riflessione tra sé e sé, in cui la persona cui è diretta risulta di scarsa rilevanza, mentre lo scopo principale sembra quello di chiarire i propri pensieri e sentimenti per prendere infine una decisione; nella storia di Lady Grace, al contrario, ogni decisione è già stata presa, molto tempo prima, il racconto funge da monito per le giovani che hanno chiesto consiglio e, pur non rivelando direttamente di essere lei stessa la protagonista degli eventi, la donna riesce comunque a creare un legame emotivo con chi la ascolta. Anche la descrizione di personaggi e luoghi è differente: in *She was silent*, come si è visto, i riferimenti geografici sono scarsi, al pari della delineazione della protagonista che concentra tutta l'attenzione all'esterno, nella rappresentazione della natura che la circonda – quel luogo ideale dove è avvenuto l'incontro con l'oggetto del desiderio –, dell'uomo con il quale intreccia una relazione, della giovane rivale e poi amica, mentre su lei stessa i dettagli che apprendiamo sono scarsi e indiretti; in *The Wrong Road*, invece, la descrizione della protagonista – del suo aspetto, del carattere – apre la storia e numerosi sono i riferimenti precisi che contestualizzano chiaramente non solo il luogo in cui la vicenda è ambientata – Londra, in Kensington Square e zone limitrofe – ma permettono di circoscrivere anche il periodo in cui i fatti narrati, a distanza di parecchi anni, si sviluppano[97]. Infine, se nel primo racconto Grand sceglie un *open ending* a sottolineare l'indecisione della protagonista e il senso di una storia in divenire dai contorni non ancora perfettamente delineati – che anticipa, come si è detto, tendenze caratteristiche poi del Modernismo inglese di inizio Novecento –, *The Wrong Road* si chiude più chiaramente, rifiutando tuttavia il lieto fine tradizionalmente vittoriano. Laddove nella storia di Aldha centrale è il tema del desiderio sessuale femminile, quest'ultimo concentra invece l'attenzione sull'evoluzione dei sentimenti – di cui, al contrario, non vediamo la nascita ma solo il loro sviluppo e infine raffreddamento – che possono con il tempo diminuire, fino a scomparire del tutto. La rappresentazione, nei racconti di Grand, delle donne non sposate si concentra quindi sugli aspetti intimi, sulle emozioni private, desideri e relazioni, lasciando sullo sfondo le implicazioni sociali, per rivelare al lettore un solo frammento di quelle vite, come tipico del genere.

Esempio ancora differente di *single woman*, infine, è la protagonista di *A New Sensation*[98], pubblicato in origine sul *Norfolk Daily Standard* (22 dicembre 1894) e incluso anche

---

[97] Per esempio, nella storia si fa riferimento in diverse occasioni a Kensington Palace (un tempo residenza reale inglese, dove nacque nel 1819 la regina Victoria, ultima sovrana a risiedervi), ai suoi giardini (inizialmente parte della residenza reale, poi a partire dall'Ottocento gradualmente aperti al pubblico) e, soprattutto, all'Albert Memorial (inaugurato nel 1882).

[98] Prima pubblicazione su *Norfolk Daily Standard* (dicembre 1894). Racconto poi inserito nella raccolta Sarah Grand, *Emotional Moments*, cit., pp. 55-86.

questo nella raccolta *Emotional Moments*. Lady Flora è, a sua volta, una donna agiata non sposata, di trentatré anni, la quale, annoiata dalla monotonia della frivola vita di società, decide di allontanarsi per un periodo dalla città per cercare in campagna "a new sensation". Qui, durante una passeggiata solitaria in mezzo alla natura, incontra un giovane gentiluomo con il quale si intrattiene amabilmente; scopre presto che la posizione sociale dell'uomo è ben più modesta di quanto aveva in un primo momento inteso – è infatti un orticoltore – e, divisa tra il desiderio di una relazione che possa dare nuove emozioni alla propria vita e il rispetto per le convenzioni, sembra infine scegliere di cedere al corteggiamento dell'affascinante sconosciuto. Tuttavia, alla fine, Lady Flora rimarrà delusa: l'uomo è infatti già fidanzato, la gentilezza che le ha dimostrato solo cortesia amichevole priva di fini sentimentali. Non resta a Lady Flora che accettare la situazione, celando l'imbarazzo per l'equivoco, e fare ritorno alla propria vita in città.

La protagonista di questa storia è, quindi, una donna non sposata appartenente a una classe sociale differente rispetto ad Aldha, la quale non sembra felice di tale condizione. Annoiata, insoddisfatta – non è in una posizione di indipendenza dovuta a una qualche professione, ma per via di ricchezza e condizione sociale ereditate – cerca il modo di fuggire dalla monotonia rappresentata dalla società cittadina, quella stessa che un tempo aveva ardentemente desiderato conquistare. Nel rappresentare una *single woman*, Grand in questo racconto mette nuovamente in scena la contrapposizione fra città/campagna, soffermandosi anche in questo caso sulla vacuità dell'alta società londinese, i suoi codici comportamentali soffocanti, i valori – soldi, posizione, apparenza – che una volta conquistati hanno per la protagonista perso ogni importanza, generando in lei un

82

profondo disprezzo per il presente e timori relativamente al tempo che passa. Con la sua dichiarazione, il desiderio di andare alla ricerca di "una nuova sensazione", scandalizza i propri ospiti[99] e segna il passaggio – o quantomeno l'intenzione – a una nuova fase della vita della protagonista e della storia. Di nuovo la campagna, la natura, come luogo ideale per liberarsi dal peso delle convenzioni sociali, scoprire la spontaneità dei rapporti e, in questo caso, le barriere di classe che potrebbero venire meno. La primavera "with its infinite promise"[100] è lo sfondo ideale per accompagnarsi al desiderio di rinnovamento della protagonista, il paesaggio naturale ancora una volta riflesso di sentimenti e stati d'animo e luogo che favorisce l'incontro, libero, come si diceva, dalle rigide regole sociali che nella società cittadina non possono essere ignorate. La decisione se cedere a quelle che la protagonista considera lusinghe che preludono a una relazione, è presentata nei continui cambi d'umore, tra desiderio e rispetto delle convenzioni, in attesa della parola che chiarisca definitivamente la situazione. Quella parola che, ben diversa da quanto Lady Flora si aspettava, infine arriva, climax e risoluzione della storia.

Tre modelli femminili, tre interpretazioni della donna non sposata sul finire del secolo, tra negazione e desiderio, superamento delle convenzioni, indipendenza e barriere sociali.

---

[99] Il termine "sensation", è traducibile infatti come "sensazione" ma anche "scalpore".
[100] Sarah Grand, *A New Sensation*, cit., p. 62.

Matrimonio: *From dusk till daybreak* e *The condemned cell*

La *Marriage Question*, altro aspetto della questione femminile, è centrale nel dibattito culturale e sociale di fine secolo su cui si interroga la stessa Grand. Nel rivendicare il diritto delle donne alla loro indipendenza, le autrici considerate – mediante anche scelte personali controcorrente – si confrontano con tali temi, si è detto, in saggi, articoli su rivista e opere narrative, facendosi portavoce del desiderio di superamento del sistema morale vittoriano e spingendosi a rappresentare anche gli aspetti più scomodi e problematici della realtà coniugale, non più vista come unica possibilità auspicabile per una giovane donna e, da un punto di vista strettamente letterario, non necessariamente epilogo felice della storia.

Grand, infatti, sottolinea chiaramente che non tutte le donne sono adatte al matrimonio o alla maternità e non teme di rappresentarne nei propri racconti anche gli aspetti negativi, insieme alle difficoltà di comprensione tra i sessi. Ne sono un esempio *From Dusk till Daybreak*[101] e *The Condemned Cell*[102]: in entrambe le storie, raccontate da punto di vista femminile interno alla vicenda, gli eventi narrati occupano lo spazio tra la sera e l'alba del giorno dopo, momento ideale per abbandonarsi alle confidenze o alla riflessione sulla propria vita e le scelte compiute, che assumono un nuovo, più chiaro significato. Oltre all'angusta

---

[101] Prima pubblicazione su *Today: A Weekly Magazine Journal* (settembre 1894). Racconto poi inserito nella raccolta Sarah Grand, *Emotional Moments*, cit., pp. 30-54.
[102] Prima pubblicazione su *Norfolk Daily Standard* (dicembre 1894). Racconto poi inserito nella raccolta Sarah Grand, *Emotional Moments*, cit., pp. 87-112.

cornice temporale, i due racconti condividono la rappresentazione dell'infelicità coniugale, seppur con sviluppi ed esiti differenti, e finali indefiniti quasi un giudizio sospeso sulla tanto dibattuta questione matrimoniale, allontanandosi ulteriormente dalla narrazione di stampo vittoriano in cui l'*happy ending*, ben definito, coincideva con il matrimonio.

In *From Dusk till Daybreak*, in una casa affacciata sull'oceano, due giovani donne cresciute insieme si ritrovano dopo qualche anno di lontananza e Olivia, la protagonista della storia, confida all'amica le ragioni del suo attuale tormento, in una narrazione ancora una volta in prima persona (l'amica è il narratore interno di cui non viene fatto il nome) e mediante un punto di vista femminile sulla vicenda che si dispiega nel racconto del turbamento della protagonista. Il racconto è ambientato – come, si è visto, spesso accade nelle storie di Grand – in un luogo non ben definito lontano dalla città, in questo caso in una dimora vicinissima alla costa; l'apertura nervosa, permette al lettore di entrare direttamente nella storia, collocando la scena in quel luogo solitario ma piacevole dove le due vecchie amiche si sono ritrovate vicine di casa e intuire fin dal principio il peso delle traversie matrimoniali patite dalla protagonista nel primo, infelice matrimonio, che in apparenza sembrano superate con il secondo marito. "Dal tramonto all'alba" è quindi titolo e tempo narrativo della storia.

Sposata molto giovane a un uomo che non amava, Olivia ha vissuto per anni un matrimonio infelice, subendo dal marito ogni forma di vessazione, fisica e mentale, che l'ha condotta a quella che si intuisce essere una grave forma di depressione e ne ha all'apparenza compromesso la capacità di fidarsi nuovamente di un uomo e ricambiarne l'affetto. Olivia, infatti, si è sposata per la seconda volta, ora con un uomo che, come apprendiamo dal suo racconto, è molto diverso dal primo marito, ma di cui non è in grado di ricambiare i sentimenti con la stessa intensità. Soggetto ai suoi continui cambi d'umore, malesseri e gelosia immotivata, con il tempo anche questo secondo matrimonio sembra logorarsi e costringere l'uomo ad allontanarsi, mentre Olivia è preda dello sconforto di fronte a quello che reputa un inevitabile quanto prossimo abbandono. Uscito la mattina presto con il proprio yacht per sottrarsi a un nuovo scontro con la moglie, viene colto da un'improvvisa tempesta che getta la donna, a casa in attesa del suo ritorno, in uno stato di tormento e preoccupazione mentre, confidandosi con l'amica, mette insieme i pezzi della propria storia in un racconto sempre più concitato, al punto da preoccupare che possa compiere un gesto estremo. Ciò che tormenta Olivia è, infatti, il rimorso, qualora succedesse qualcosa di terribile, di non aver avuto modo di chiedere perdono, ed espiare la propria colpa.

Come piuttosto frequente nelle storie di Grand – e in generale, si è detto, in molte *short stories* della *fin de siècle* – il finale non rivela del tutto chiaramente quale sarà il destino della protagonista e, in questo caso, del suo matrimonio, lasciando molti dubbi e questioni irrisolte. Improvvisamente come è arrivata, la tempesta se ne va per fare il posto a una notte tranquilla e un cielo stellato senza nuvole, eppure la calma e la serenità del paesaggio non sembrano rispecchiare del tutto lo stato d'animo dell'eroina che, nonostante la preoccupazione immediata per la sicurezza del marito sia passata, è ancora tormentata dagli stessi dubbi riguardo le reali possibilità di successo di questo secondo matrimonio su cui il finale della storia non svelerà il mistero. Scorta la barca del marito fare ritorno dopo la tempesta, Olivia, piangendo, ringrazia il Cielo per averlo protetto e, ancora scossa dal timore di perderlo – per via della tempesta in mare o per via del suo umore mutevole – ne invoca il perdono.

In questo racconto, quindi, la trama è ridotta al minimo per lasciare spazio ai sentimenti tormentati della protagonista che trovano corrispondenza nella tempesta, dettagliatamente descritta, in un momento di comunanza tra elementi naturali e stati d'animo che sembra rimandare alla tradizione romantica. La natura, ancora una volta centrale nel racconto, quella località lungo la costa dove la storia è ambientata, la tempesta che arriva improvvisa, fungono da sfondo ed espressione – visiva, immediata, più delle parole che sono difficili da esprimere – di umori e sentimenti, mutevoli come il mare, impossibili da dominare e intensi. Quando la storia si apre, sul finir del giorno, l'atmosfera malinconica e solenne sembra allinearsi allo stato d'animo della protagonista, profondamente turbata, e in quel mare che "sobbd" sentiamo tutti i singhiozzi trattenuti della donna; è sempre il mare a dare voce ai sentimenti di Olivia, che l'autrice descrive utilizzando termini normalmente riconducibili alla sfera di sentimenti e azioni umane a enfatizzare il rapporto tra i turbamenti nell'animo della donna e l'ambiente naturale. Non più solo sfondo o luogo ideale per lo studio di caratteri, la natura di questo racconto, a tratti umanizzata, si fa protagonista e interprete dell'animo mutevole dell'eroina. La descrizione attenta del paesaggio naturale e la complessità psicologica della protagonista, rivelano ancora una volta l'influenza nell'opera di Grand del realismo tardo ottocentesco – che contrasta, quindi, con l'estetica decadente di fine secolo –, in una storia che riassume in sé i principali elementi caratteristici della forma breve, dal principio di *brevitas*, all'enfasi sulla chiusura in un finale, si è visto, che resta indefinito; scarsi sono gli elementi forniti in relazione al *background* o alla protagonista, solo quelli essenziali ai fini di

87

una narrazione che rifiuta quindi tutto ciò che è superfluo, per concentrarsi su quel "moment of truth"[103] cuore della storia.

Incomprensione tra moglie e marito e gelosia, hanno invece in *The condemned cell* un epilogo tragico: nel racconto in prima persona, tra presente e passato, apprendiamo la triste storia direttamente dalla protagonista, Lady Charlotte, che, come inequivocabilmente suggerito dal titolo, si trova rinchiusa nella cella del condannato a morte in attesa, all'alba del giorno dopo, di essere giustiziata per omicidio. Come nel racconto analizzato in precedenza, il crepuscolo e poi le ore notturne invitano alla riflessione della protagonista, ma lo stato d'animo di Olivia e Lady Charlotte appare fin da principio piuttosto diverso. Con toni giornalistici, Grand introduce la storia:

> The prisoner was the Lady Charlotte Templemore, who had been condemned to death for the murder of her husband. Extraordinary efforts were being made to have the sentence commuted, but so far without avail, although her interest was excellent.[104]

Delineato il contesto della condizione attuale della donna, in un incipit che non lascia trapelare nessuna emozione, è poi la stessa Lady Charlotte, si è detto, a rivelare tra ricordi e riflessioni in un flusso di coscienza quasi fino alla fine lucido, le ragioni che l'hanno spinta a compiere un gesto per cui non prova alcun pentimento. Comprende i motivi della propria condanna e, nonostante gli sforzi delle

---

[103] Mary Louise Pratt, "The Short story: The Long and the Short of it", in Charles May (ed.), *The New Short story Theories*, cit., p. 99.
[104] Sarah Grand, *The Condemned Cell*, cit., p. 87.

persone che le sono rimaste vicine durante tutti quei mesi allo scopo di commutare la pena, in quella lunga notte prima dell'esecuzione appare pallida ma composta, concedendosi solo per un breve attimo di lasciare che lo sconforto prenda il sopravvento, muovendosi come in un sogno, fuori da quella realtà che la condanna per il giorno seguente all'impiccagione mettendo fine per sempre alla sua giovane vita e a ogni progetto per il futuro.

Rinchiusa nella cella, in quelle solitarie ore notturne che le restano non sembra comunque abbandonarsi alla paura quanto al rimpianto di una vita – la propria – così precocemente e in maniera violenta interrotta. Soprattutto, come accennato, Lady Charlotte non prova alcun rimorso per l'omicidio, che avrebbe compiuto altre mille volte piuttosto che vivere nel disonore. Ciò che infatti aveva spinto la donna a commettere il crimine e che, per lei, lo giustifica, era stata la scoperta non solo del tradimento – che già di per sé avrebbe significato la perdita della fiducia in quell'uomo che tanto amava – ma della terribile realtà di bigamia a cui è stata, a sua insaputa, costretta. L'uomo di cui si fidava, che credeva di conoscere e che ammirava, aveva scoperto invece essere già sposato a un'altra donna. La vita di Lady Charlotte era stata, dunque, una menzogna, la causa della rovina di un matrimonio fino a quel momento perfettamente felice e qualcosa che non avrebbe mai potuto perdonare, in cui l'assassinio era sembrata la sola conclusione possibile. Il disonore e la falsità sono infatti imperdonabili e, fino alla fine, non si pente di quanto compiuto, perché tanto crudelmente ingannata. Tuttavia, quando infine una lettera le svela l'innocenza di Rupert, che aveva sposato Charlotte in buona fede, convinto che la prima moglie fosse morta, la donna appare estremamente sollevata per la scoperta dell'amore sincero e dell'onestà del marito e, pur invocando il perdono di Dio per l'omicidio commesso, non sembra lasciare troppo spazio al pentimento per un gesto che ora si è rivelato del tutto ingiustificato, quanto al puro sollievo per l'onesta devozione del marito e la serenità con cui è pronta ad accogliere la morte certa di ricongiungersi a lui. Quando giunge la notizia della sospensione dell'esecuzione, Lady Charlotte ha già trovato la pace: una morte tranquilla l'ha colta, infatti, nelle prime luci del mattino, dopo la lunga notte di veglia.

È curioso, infine, che proprio in un racconto come questo Grand tratteggi un uomo, un marito che, tralasciando l'equivoco che conduce alla rovina, potrebbe essere in altro contesto un eroe positivo ma, soprattutto, riesca a creare tra la colpevole protagonista e il lettore un profondo grado di connessione: sappiamo della colpevolezza della donna e, nonostante le sue ragioni, non è possibile, in coscienza, assolverla, eppure lo struggimento di Lady Charlotte per la fiducia tradita, la sua compostezza, le accorate preghiere che scandiscono le ore dell'attesa e il terrore di ritrovarsi il giorno dopo, vulnerabile in mezzo alla folla accorsa ad assistere all'impiccagione, riescono nonostante tutto ad avvicinare lettore e personaggio, facendo dimenticare per un attimo le ragioni che l'hanno condotta in quella cella. Incantesimo che è proprio Lady Charlotte – e, forse, lo status sociale stesso concorre ad avvicinare il lettore – a spezzare quando il racconto dell'omicidio si fa diretto e brutale, in un'immagine che l'autrice tratteggia vividamente.

Quali che siano i risultati, la rappresentazione del matrimonio nella *short story* di fine secolo ne mette dunque in luce problematiche e contraddizioni, spesso privilegiando il punto di vista femminile sulla vicenda e ponendosi, ancora una volta, in forte opposizione con il rigido codice morale vittoriano e la narrazione che nel corso del secolo il romanzo ha generalmente privilegiato di questa istituzione. I racconti selezionati sono quindi un esempio di come nella produzione letteraria degli anni Novanta – che è riflesso di un dibattito culturale e sociale reale – il matrimonio non può essere più considerato la sola e principale aspirazione di una giovane donna, così come non sia accettabile restituirne soltanto un'immagine positiva; il lieto fine di buona parte del romanzo vittoriano coincideva con il matrimonio dell'eroina, che il lettore poteva solo supporre sarebbe stato perfettamente felice e appagante, mentre la forza innovatrice della *New Woman fiction* e della forma breve in particolare, di cui Grand è appunto tra le interpreti, è considerare anche gli aspetti più problematici della condizione coniugale, senza per questo voler insinuare che ogni matrimonio sia destinato all'infelicità ma sottolineando come la mancanza di parità tra i coniugi e l'ignoranza delle giovani spose incrementino significativamente le possibilità di fallimento. Il discorso sul matrimonio come *leitmotiv* nella produzione letteraria del tempo è segno evidente di un dibattito estremamente vivo.

IV.

George Egerton

Cenni biografici

Tra le opere in tal sede considerate, quelle di George Egerton (pseudonimo di Mary Chavelita Dunne Bright) sono senza dubbio le più innovative da un punto di vista tematico e formale.

Nata a Melbourne nel 1859 da madre gallese e padre irlandese e morta a Londra nel 1945, conduce una vita anticonvenzionale e indipendente, viaggiando molto fin dall'infanzia. Gli spostamenti frequenti e l'interesse per le culture con cui di volta in volta entra in contatto, hanno sicuramente influenzato nell'autrice la tendenza verso uno spiccato ibridismo culturale caratteristico della sua produzione letteraria, come sottolineato soprattutto da Ledger[105]. Alla morte della madre è costretta, appena quattordicenne, a prendersi cura dei fratelli più piccoli e di lì a poco a garantirsi l'indipendenza economica: nel 1875 si stabilisce in Germania dove ricopre – con scarsa soddisfazione – il ruolo di assistente linguistico, che lascerà due anni dopo per partire alla volta di New York trovando impiego nell'ambito dell'editoria e del giornalismo. Rientrata

---

[105] Sally Ledger, "Introduction", in George Egerton, *Keynotes and Discords*, Continuum, London, 2006.

a Londra negli anni '80, per qualche tempo nutre il sogno di diventare pittrice, in seguito abbandonato per dedicarsi pienamente alla scrittura.

Il 1887 segna l'incontro con un amico del padre, Henry Higginson, centrale nella storia personale e professionale di Egerton: nonostante l'uomo sia già sposato, i due intrecciano una relazione e insieme si trasferiscono in Norvegia, dove la scoperta della scuola realista scandinava sarà fondamentale per la formazione intellettuale di Egerton, influenzando notevolmente la sua scrittura. Importante, inoltre, l'incontro con lo scrittore norvegese premio Nobel Knut Hamsun, di cui traduce in inglese *Hunger* e al quale in seguito dedicherà la prima raccolta di *short stories*, *Keynotes*[106]. La relazione con Higginson, intanto, è segnata dall'alcolismo e dalla violenza dell'uomo, che rende sempre più difficile per Egerton sopportare la situazione; alla morte di questi, ottiene una piccola rendita dalla casa che condividevano, una momentanea fonte di autonomia economica. Pochi anni dopo sposa uno squattrinato romanziere canadese, George Egerton Clairmonte, da cui trarrà lo pseudonimo, in omaggio anche al cognome da nubile della madre, Isabel George. In seguito al successo di *Keynotes*, decide quindi l'anno seguente, contemporaneamente all'uscita della seconda raccolta, *Discords*[107], di trasferirsi a Londra, dove entra pienamente in contatto con l'ambiente culturale e letterario. Intreccia una non meglio specificata relazione con lo scrittore e poeta Richard Le Gallienne e mette alla luce un figlio, sulla cui

---

[106] George Egerton, *Keynotes*, Elkin Mathews and John Lane, London, 1893. Edizione di riferimento Egerton George, *Keynotes and Discords*, ed. Sally Ledger, Continuum, London, 2006.

[107] George Egerton, *Discords*, John Lane at the Bodley Head, London, 1894. Edizione di riferimento George Egerton, *Keynotes and Discords*, ed. Sally Ledger, cit.

paternità resta il mistero. Frattanto, il matrimonio con Clairmonte è sempre più segnato da infelicità e frustrazione e, alla partenza dell'uomo per il Sudafrica, Egerton si trova costretta a contare soltanto sui propri introiti letterari per provvedere a sé stessa e al figlio. Nel 1901 divorzia quindi dal marito, che morirà lo stesso anno, e di lì a poco si risposa con il giovane agente teatrale londinese Reginald Golding Bright, che ama il figlio della donna come fosse il proprio e porta nelle loro vite un'ormai insperata stabilità sentimentale ed economica. Incoraggiata dal successo del marito, Egerton si cimenta con la scrittura per il teatro, ma alla morte in battaglia del figlio, nel 1915, durante la prima guerra mondiale, abbandona per sempre la professione letteraria. Muore a Londra, nel 1945.

Considerazioni critiche: influenze e caratteri della produzione letteraria

L'opera di Egerton si colloca tra le più innovative e sperimentali, come si vedrà, da un punto di vista tematico e formale, apportando un contributo considerevole allo sviluppo della narrativa breve di fine Ottocento e anticipando per molti aspetti il Modernismo novecentesco. Se in generale la *short fiction* degli anni Ottanta e Novanta accoglie soprattutto l'influenza di Estetismo, Naturalismo e Realismo psicologico specie di derivazione francese, la produzione letteraria di Egerton si caratterizza invece più marcatamente per la vicinanza all'esperienza della scuola scandinava, con la quale l'autrice entra direttamente in contatto durante i fondamentali anni trascorsi in Norvegia, che rielabora, insieme a elementi della personale vicenda biografica, nella propria produzione letteraria. Nei suoi

94

racconti, infatti, risulta evidente l'influenza, tra gli altri, di Ibsen, Strindberg e Hamsun, da cui deriva la capacità di descrivere stati mentali fugaci, la tendenza al soggettivismo e alla frammentarietà, il lirismo e il ricorrente uso di flashback. Nel realismo scandinavo, osserva Vicinus, Egerton riscontra un grado di onestà e lirismo che paiono assenti nella letteratura angloamericana del tempo ed è da questa tradizione letteraria che si lascia quindi ispirare:

> Egerton was not influenced by French Decadence, but by the virtually unknown Scandinavian realists. From them she absorbed the value of describing the minutiae of the moment – the tiny seemingly irrelevant impressions that remain after emotionally important events, such as the look of the grass or the pebbles on a path.[108]

Il desiderio di libertà e realizzazione personale di Nora, la protagonista dello scandaloso capolavoro di Ibsen, *Casa di bambola*[109] (1879), influenza profondamente l'opera di Egerton nella costruzione di figure femminili indipendenti, che si scontrano con le costrizioni e il moralismo della società patriarcale, in racconti dove la componente psicologica prevale sulla trama. Le sue protagoniste, quindi, si muovono in una realtà contemporanea spesso problematica, che influenza carattere e azioni dei personaggi, e nella quale un ruolo importante è giocato da ereditarietà e contesto sociale entro cui i protagonisti si muovono. Il realismo scandinavo, la rielaborazione letteraria di personali esperienze biografiche, il contatto con ambienti culturali

---

[108] Martha Vicinus, "Introduction", George Egerton, *Keynotes and Discords*, Virago, London, 1983, pp. 7-19, citazione p. 12.
[109] Henrik Ibsen, *Casa di bambola*, Einaudi, Torino, 1997 (edizione di riferimento).

differenti, conferiscono all'opera di Egerton un'apertura verso influenze, tematiche, modalità espressive, che risultano innovative nel panorama letterario anglosassone.

È dallo scrittore premio Nobel Knut Hamsun, in particolare, che la scrittrice inglese riprende l'interesse per il flusso di coscienza e per il frammento, che saranno elementi caratteristici della narrativa di stampo modernista di inizio Novecento. Come sottolineato da D'Hoker ed Eggermont[110], infatti, è possibile riscontrare nella *short story* di fine secolo e nello specifico nei racconti di Egerton, molti elementi poi ripresi e sviluppati dall'estetica modernista. Le lunghe trame di stampo vittoriano, spesso caratterizzate da intento didattico moraleggiante, lasciano il posto a plot condensati, dal *background* indefinito, in cui la trama non è l'elemento più rilevante della storia, che si concentra invece sul frammento, sui momenti ordinari, episodi e impressioni, l'attenzione focalizzata più sulla rappresentazione psicologica che sulla vicenda raccontata; alle modalità narrative tradizionali, Egerton predilige l'uso del monologo interiore, allo scopo di creare una maggior connessione con i pensieri e i desideri dei personaggi femminili, rinunciando di conseguenza a un narratore onnisciente, di stampo vittoriano, il cui punto di vista univoco sulla storia appare nella narrativa di fine secolo inadeguato a rendere le complessità e il senso di frammentarietà del moderno.

Frequente, inoltre, nei racconti della scrittrice, il ricorso al sogno, mezzo ideale per esprimere i desideri più intimi e rivelatori dei personaggi. Tali racconti si caratterizzano, infine, per l'utilizzo del tempo presente – non molto frequente all'epoca – intervallato dalla narrazione di eventi

---

[110] Elke D'Hoker, Stephanie Eggermont, *Fin-de-Siècle Women Writers and the Modern Short story*, cit.

avvenuti in un passato comunque recente, spesso in terza persona ma in generale, si è visto, costruiti attraverso un punto di vista femminile sulla storia, oggetto di un'attenta indagine psicologica. E, come già accennato, l'interesse per il frammento, tipica del genere, si traduce nelle *short stories* di Egerton, in un certo grado di indefinitezza relativamente al *background* di personaggi e vicende: il lettore non è messo a conoscenza di troppi particolari ma soltanto di ciò che è fondamentale alla comprensione del momento rappresentato, al pari di ambientazioni non molto definite. Quel che ne risulta è un frammento, appunto, che non mira all'universale ma al particolare, dal carattere individualista. Anche i finali mostrano una certa resistenza verso chiusure narrative definite, lasciando alcuni elementi in sospeso: delle decisioni prese e di ciò che sarà il destino dei personaggi, Egerton suggerisce solo i contorni, ma raramente ne vediamo il compimento o le dirette conseguenze.

Come sostenuto anche da Forward[111], sono evidenti, quindi, i numerosi elementi formali e tematici che distinguono i racconti di Egerton, a partire, si è detto, dalla scelta di adottare un punto di vista femminile anticonvenzionale e moderno mediante una scrittura introspettiva, mirata a una profonda indagine psicologica dei personaggi: a tal fine, la ricerca di tecniche narrative adeguate allo scopo, per mezzo di uno stile poetico e sensuale capace di catturare i desideri e i sentimenti delle eroine e l'uso frequente di ellissi per allontanarsi, come si è visto, dal narratore onnisciente di stampo vittoriano. In un sapiente gioco di equilibri, infatti, Egerton costruisce una narrazione capace di coniugare elementi di distacco e intimità, riuscendo

---

[111] Stephanie Forward, *Attitudes to Marriage in the Late Nineteenth Century*, cit., pp. 172-208.

così a creare un profondo contatto tra il lettore e i personaggi o, al contrario, mettere tra le parti una certa distanza, quando l'empatia diventa impossibile. A questo si collegano alcune scelte formali, in particolare a livello di punteggiatura, giocata anche in questo caso su un sistema di rimandi, sottintesi, simboli, ellissi: asterischi e puntini a dividere le scene evocate e scandire lo scorrere del tempo della narrazione, pause e silenzi da interpretare per comprendere appieno il senso delle storie. Anche i titoli scelti svolgono un ruolo importante nell'interpretazione della storia, come tipicamente nella forma breve.

Il realismo psicologico che, come si è visto, caratterizza i racconti di Egerton, rivela inoltre l'interesse della scrittrice per la trattazione inedita di tematiche centrali nel dibattito culturale e sociale del tempo, tra cui, soprattutto, la rappresentazione del desiderio sessuale femminile, un elemento centrale nella sua produzione letteraria, che affronta in maniera del tutto nuova e diretta. La riflessione sul desiderio femminile accende l'interesse del pubblico ma anche di quella parte della critica conservatrice che non perdona facilmente a Egerton la rappresentazione di personaggi femminili tanto indipendenti:

The physiological excursions of our writers of neuropathic fiction are usually confined to one field - that of sex. Their chief delight seems to be in making their characters discuss matters which would not have been tolerated in the novels of a decade ago. Emancipated woman in particular loves to show her independence by dealing freely with the relations of the sexes. Hence all the prating of passion, animalism, "the natural workings of sex", and so forth, with which we are nauseated. Most of the characters in these books seem to be erotomaniacs.[112]

L'accusa di erotomania mossa da Stutfield a causa dei frequenti riferimenti al sesso è volta ai racconti di Egerton che, nell'interpretazione del critico, sono utilizzati appunto per sottolineare l'indipendenza – e la dissolutezza – dei personaggi rappresentati. La riflessione intorno al desiderio femminile che si rivela in fantasie, sogni, riferimenti più o meno diretti, intimità e scelte anticonvenzionali, è sicuramente una delle tematiche più originali e discusse nell'opera della scrittrice inglese, tra le ragioni dello scalpore suscitato al tempo della pubblicazione delle raccolte, oggetto di critiche e perfino parodie, come quella comparsa sulla rivista satirica *Punch* di *A Cross Line*, il racconto più celebre della prima raccolta[113].

Anche i racconti di Egerton, analogamente a quelli delle altre autrici in tal sede considerate, indagano, per mezzo di innovazioni formali e stilistiche e precise scelte tematiche, le complessità e le contraddizioni della *fin de siècle* relativamente alla *Woman Question*: la rappresentazione del desiderio sessuale si intreccia alla riflessione sugli effetti traumatici derivanti dalla repressione sessuale, alla critica nei confronti del matrimonio senza amore, al sistema educativo tradizionale che nega alle donne adeguato accesso all'istruzione o alla conoscenza della vita adulta allo scopo di preservarne l'innocenza, alle possibilità di realizzazione

---

[112] Hugh Stutfield, *Tommyrotics*, Blackwood's, No. 157, June 1895, pp. 833-845. Citato in Stephanie Forward, *Attitudes to Marriage in the Late Nineteenth Century*, cit., p. 183.
[113] Mi riferisco a Borgia Smudgiton, *She-Notes*, Punch or the London Charivali, 17 March 1894.

personale e professionale nell'ottica di una vita piena e indipendente. Le eroine di Egerton, inoltre, sono donne in movimento: il viaggio diviene simbolo di un'epoca di transizione, come sottolineato da Bjorhovde[114], e la vita appare più come un processo in costante movimento che una condizione statica. Donne in viaggio, alla ricerca della propria indipendenza e realizzazione, personale e professionale, coinvolte in relazioni non sempre entro rapporti socialmente accettati, spesso *fallen women* che trovano sostegno e solidarietà in altre donne in momenti di intensa connessione emotiva, qualche volta dal destino tragicamente segnato, in altri casi pronte a decidere da sole del proprio futuro. È la rappresentazione, quindi, di una donna che aspira a una vita completa, alla soddisfazione personale attraverso il matrimonio e la maternità o mediante la realizzazione professionale, tra le ragioni per cui i racconti di Egerton risultano oggi ancora estremamente attuali.

Accanto alla riflessione su desiderio e sessualità femminile, l'attenzione di Egerton si concentra inoltre, come si è accennato, sulle complessità del matrimonio e della maternità, tematica quest'ultima che l'autrice affronta da un punto di vista piuttosto innovativo, scegliendo di rappresentarne anche gli aspetti più problematici e oscuri e, come sottolineato da Forward[115], sostenendo il diritto alla maternità per ogni donna anche fuori dal vincolo matrimoniale. Nei racconti, infatti, appare evidente una tensione irrisolta fra impulso materno e desiderio sessuale (non a scopo riproduttivo), l'istinto materno non sempre

---

[114] Gerd Bjorhovde, *Rebellious Structures, Women Writers and the Crisis of the Novel 1880-1920*, cit.
[115] Stephanie Forward, *Attitudes to Marriage in the Late Nineteenth Century*, cit., p. 180.

qualcosa di innato e forte. La trattazione della maternità nelle *short stories* di Egerton è al centro anche di un saggio di Fluhr[116], la quale riflette sul rapporto tra maternità, desiderio sessuale e identità, nei racconti della scrittrice, evidenziando, ancora una volta, la portata innovatrice di queste storie. La forma breve si dimostra, ancora, il mezzo più idoneo attraverso cui scrittori e scrittrici alla fine del secolo danno voce al desiderio di sperimentazione linguistica e tematica nel tentativo di superare codici e modalità espressive tradizionali.

La pubblicazione della prima raccolta di Egerton, *Keynotes*, viene quindi accolta con particolare interesse da parte di pubblico e critica, facendo di lei una delle più influenti autrici degli anni Novanta. Un lavoro febbrile, aveva portato Egerton a completare le storie in una decina di giorni e a inviarle a T. P. Grill, alla ricerca di nuovi autori per il *Weekly Sun* di Dublino: i racconti inclusi, pur non in linea con il piano editoriale della rivista per la loro portata innovativa, suscitano l'interesse di Grill che li propone agli editori Elkin Mathews e John Lane i quali, grazie anche alle raccomandazioni di Le Gallienne, decidono infine di pubblicarle, scegliendo *A Cross Line* – il racconto da loro giudicato più innovativo soprattutto per la tematica trattata – come storia d'apertura alla raccolta. In seguito al clamore suscitato da *Keynotes* l'editore decide, quindi, di inaugurare una collana omonima, nell'ambito della quale pubblicare *short stories* e romanzi caratterizzati dalla tendenza alla sperimentazione, tematica e stilistica. La collaborazione con Lane e in generale la notorietà derivata dalla pubblicazione della prima raccolta, permettono inoltre a Egerton di

---

[116] Nicole M. Fluhr, *Figuring the New Woman: Writers and Mothers in George Egerton's Early Stories*, Texas Studies in Literature and Language, Vol. 43, No. 3, Fall 2001, pp. 243-266.

partecipare come *contributor* della rivista *The Yellow Book*, a partire dal primo numero dell'aprile 1894, su cui la scrittrice pubblica il racconto *A Lost Masterpiece: A City Mood*, e alla quale continuerà sporadicamente a collaborare.

Nonostante le feroci critiche la popolarità di Egerton alla fine del secolo le vale un posto tra i più noti scrittori che in quegli anni animano l'ambiente letterario londinese e la raccolta, a cui è presto fatta seguire una seconda selezione di *short stories*, *Discords*, ottiene numerose ristampe ed è tradotta in diverse lingue. Tuttavia, al cambio di secolo, la fortuna letteraria di Egerton appare in calo: lo scandalo del caso Wilde ha inesorabilmente colpito anche la produzione letteraria generalmente associata al Decadentismo e al dandy, coinvolgendo di conseguenza la *New Woman fiction* e gli autori della *fin de siècle*, tra cui la stessa Egerton che, parallelamente alla stabilità sentimentale ed economica raggiunta con l'ultimo matrimonio, sembra esaurire la propria vena creativa[117]. L'opera della scrittrice inglese, dimenticata per buona parte del Novecento, sarà infine riscoperta a partire dalla seconda ondata del femminismo e, dalla fine del secolo scorso, oggetto di rinnovato interesse critico, come dimostrano i numerosi contributi volti a recuperare la produzione di Egerton e rivalutarne il ruolo di primo piano non soltanto nel panorama letterario inglese di fine Ottocento ma, come si è visto, quale anticipatrice di tendenze caratteristiche del modernismo novecentesco.

---

[117] Marta Vicinus, "Introduction", cit., pp. 14-15.

Maternità e desiderio sessuale femminile: *A Cross Line*, *Gone Under* e *Wedlock*

Su suggerimento dell'editore John Lane, è *A Cross Line*[118] il racconto di apertura alla prima raccolta pubblicata da Egerton. Qui il discorso sulla maternità si intreccia alla riflessione su istinto materno, difficoltà di comunicazione all'interno del matrimonio, connessione emotiva tra donne nonostante le differenze sociali e, soprattutto, sul desiderio sessuale femminile, tra fantasie, sogni, atteggiamenti, nell'attenta costruzione psicologica della protagonista. Una *New Woman* non pienamente soddisfatta del proprio matrimonio, che prende in considerazione l'idea di lasciare il marito per vivere una vita più libera e vagabonda alla ricerca della propria felicità, è un personaggio femminile dalla psicologia complessa, che si abbandona spesso alla fantasia, il cui desiderio sessuale appare fin da principio più profondo dell'istinto materno che convenzionalmente ci si aspetterebbe da una giovane sposa.

Il racconto, narrato in terza persona e al tempo presente, tratto peculiare – si è detto – della produzione di Egerton, non segue una trama lineare e molti elementi sono lasciati volutamente in sospeso, dal *background* al setting, fino al nome proprio della protagonista, di cui conosciamo solo il nomignolo (Gipsy) con cui affettuosamente le si rivolge il marito, così come non vengono rivelati i nomi degli altri personaggi coinvolti[119]. La scena, introdotta con una tecnica quasi cinematografica per avvicinarsi sempre più alla protagonista e ai suoi pensieri, richiama, come si vedrà, altri

---

[118] George Egerton, *A Cross Line*, cit., pp. 3-14.
[119] L'unico nome proprio citato una volta è quello della cameriera, Lizzie.

racconti di Egerton e fornisce al lettore solo alcune sommarie indicazioni circa l'ambientazione e la durata temporale della vicenda: la campagna irlandese scandita dai ritmi e dai lievi mutamenti della natura conferiscono, quindi, qualche dettaglio su tempo – dalla primavera alla fine dell'estate – e luogo della storia, lasciando comunque un notevole grado di indefinitezza. Non sappiamo nulla o quasi delle vite dei personaggi sulla scena e solo dall'uso del presente possiamo supporre l'azione si svolga in quel preciso momento nel tempo, di cui tuttavia l'autrice non è interessata a fornire ulteriori informazioni. Ciò che, fin da principio, appare fondamentale e caratteristico della *short story* di *fin de siècle*, è l'interesse per il momento, per quel frammento di realtà che si è scelto di rappresentare mediante una narrazione che rinuncia a tutto ciò che ritiene superfluo. La tecnica narrativa scelta, quindi, impressionistica e volta a sottolineare il senso di frammentarietà del racconto, una generale indefinitezza e i molti elementi in sospeso, sono utilizzati da Egerton per concentrare tutta l'attenzione nella costruzione della psicologia della protagonista: pagina dopo pagina, il lettore entra sempre più a fondo nella mente di Gipsy, ne apprende pensieri, fantasie, desideri, seguendone lo sviluppo nel momento in cui si manifestano, grazie anche, si diceva, all'uso del tempo presente che concorre a creare un senso di immediatezza e intimità con i personaggi. Tale modalità narrativa sottolinea, quindi, la soggettività del punto di vista, parziale, intimo, che per sua natura non può affidarsi a un narratore onnisciente come da tradizione vittoriana e, nel carattere frammentario del racconto – mediante anche il frequente ricorso a puntini di sospensione e asterischi a interrompere la scena – la fugacità del momento. La punteggiatura diviene quindi un elemento centrale, mediante cui sottolineare pause, mutamenti di scena, alternarsi di

104

fantasie e sogni, nel complesso di una storia in cui i silenzi, i sottintesi, sembrano qualche volta ancora più evocativi e diretti delle parole.

L'elemento più interessante dal punto di vista tematico e, per le modalità narrative con cui viene rappresentato, anche da quello formale, è, quindi, la riflessione sul desiderio sessuale femminile, che all'epoca della pubblicazione incuriosisce e scandalizza il pubblico e vale all'autrice, come si è detto, accuse di "erotomania". Come sottolinea Bjorhovde, la riflessione sul desiderio sessuale femminile, in tali termini, diviene per la prima volta centrale: "The first writer in English who made explicit references to the existence of sexual drives in women as well in men".[120]

Il racconto, quindi, è pervaso da una tensione erotica che si manifesta nelle possibilità di una relazione clandestina, nei riferimenti ad attimi di intimità con il marito, nelle fantasie cui di frequente Gipsy si abbandona, che Egerton descrive piuttosto vividamente in passaggi che, all'epoca della pubblicazione, hanno suscitato, si è detto, un notevole scalpore:

His eyes dilate and his colors deepens as he crushes her soft little body to him and carries her off to the room.[121]

Le fantasie della protagonista sono un elemento centrale in questo racconto: è in esse, infatti, che i riferimenti sessuali, il desiderio, appaiono con maggior evidenza, e rappresentano il mezzo ideale per sfuggire alla monotonia del quotidiano e alle convenzioni morali del tempo. Gipsy si immagina nelle vesti di Cleopatra o in quelle di Salomè; in Arabia a cavallo di

---

[120] Gerd Bjorhovde, *Rebellious Structures*, cit, pp. 129-130.
[121] George Egerton, *A Cross Line*, cit., p. 8.

un veloce destriero; o, ancora, impegnata in una danza sensuale sul palcoscenico di un teatro circondata da un pubblico maschile adorante, simbolo del piacere narcisistico che le procura essere oggetto degli sguardi maschili ma forse anche rivelatore di una natura poligama[122]. Fantasie che contribuiscono inoltre al senso di frammento della storia che non ha una trama lineare in senso tradizionale ma è, come caratteristico del genere *short story*, racconto di momenti con una protagonista che è lei stessa "creature of moments".[123]

A destabilizzare i contemporanei di Egerton, la rappresentazione, quindi, di una femminilità per molti versi anticonvenzionale, complessa, fatta di desideri che contrastano con l'immagine rassicurante della donna vittoriana: la protagonista di questo racconto è, infatti, una *New Woman* che ama la vita all'aria aperta, la pesca – di cui intuiamo essere piuttosto esperta –, dai modi diretti e una bellezza poco tradizionale data dalla pelle abbronzata, come quelle "brown hands" che subito nota lo sconosciuto. Come evidenziato anche da Vicinus, le donne di Egerton – e l'autrice stessa –sembrano privilegiare proprio la vita all'aria aperta rispetto alla domesticità:

> Throughout her life Egerton considered the sportsman's outdoor life to be truer to male and female natures than the artificialities of the drawing room. She consistently moves her characters outdoors for moments of self revelation or reverie.[124]

---

[122] Gerd Bjorhovde, *Rebellious Structures*, cit.
[123] George Egerton, *A Cross Line*, cit., p. 10.
[124] Martha Vicinus, "Introduction", cit., p. 11.

L'ambiente naturale, inoltre, è, nei racconti di Egerton, il luogo ideale dove lasciare emergere l'io femminile libero da codici e costrizioni sociali, ma anche dove ritrovare una più profonda connessione con sé stessi, i propri desideri, considerare le possibilità. Tuttavia, come si vedrà relativamente ad altri racconti, la campagna, non è sempre un luogo idilliaco, ma qualche volta, al contrario, lo scenario dove rappresentare le inquietudini più profonde in storie cariche di dramma.

Gipsy è, inoltre, esempio di come, nei personaggi di Egerton, il desiderio di maternità (in specie biologica) non sia sempre innato bensì qualcosa da imparare: nel caso della protagonista di questo racconto, attraverso l'istinto del marito, che sotto molti aspetti sembra possedere più marcatamente di lei quelle qualità convenzionalmente femminili[125], o mediante l'esperienza della propria cameriera che tramite il ricordo ancora carico di dolore per il figlio morto sembra far nascere infine nella protagonista il desiderio di maternità. Un personaggio, quindi, dalla psicologia interessante che permette all'autrice di indagare anche inquietudini e insoddisfazioni del matrimonio, gli effetti della repressione sessuale e il desiderio di libertà che tradizionalmente non è associato a personaggi femminili:

---

[125] Una certa predisposizione all'affettuosità, l'interesse per la natura, la tenerezza che prova verso i pulcini appena nati, un'anima più casalinga rispetto a quella della moglie che trascorre invece molto tempo all'aria aperta (come evidente anche dalla leggera abbronzatura frutto delle ore trascorse fuori). Gipsy, invece, non mostra inizialmente particolare attitudine nei confronti della maternità.

Can't you understand where the spell lies? It is the freedom, the freshness, the vague danger, the unknown that has a witchery for me, ay, for every woman![126]

Una libertà a cui alla fine Gipsy rinuncia: al contrario di Nora, l'eroina di Ibsen, la protagonista di *A Cross Line* compie, infatti, una scelta più convenzionale, decidendo di restare con il marito. Tuttavia, è difficile per il lettore immaginarla pienamente soddisfatta della decisione presa, e il finale del racconto sollecita letture divergenti. Per alcuni – come Ledger[127] – non è l'istinto materno a definire le protagoniste dei racconti di Egerton, quanto il desiderio sessuale, che la scrittrice sceglie di celebrare nelle sue storie in modo sorprendente e moderno[128], in contrasto, quindi, con la rinuncia di Gipsy alla propria libertà:

If women's lives in *Keynotes* and *Discords* are sometimes defined by motherhood, it is not a definition that Egerton celebrates. She is much more likely to celebrate women's sexual desire than their maternal ties, and it is the aesthetic rendering of female sexuality in her stories that is one of their most striking and modern aspects.[129]

I racconti di Egerton, infatti, danno rappresentazione di aspetti e sfumature inedite della sessualità femminile e della procreazione, riflettendo sulle ambivalenze di un istinto non sempre innato, i pericoli derivanti dal desiderio represso e

---

[126] George Egerton, *A Cross Line*, cit., pp. 11.
[127] Sally Ledger, "The New Woman and feminist fiction", in Gail Marshall (a c. di), *The Cambridge Companion to the Fin de siècle*, Cambridge University Press, Cambridge, 2007, pp. 153-168.
[128] Ibid., p. 163.
[129] Ibidem.

dalle costrizioni del matrimonio, ma anche sulla costruzione di un'identità svincolata dal ruolo di madre, tematiche centrali in buona parte della *New Woman* fiction di fine secolo. Il matrimonio e la maternità, quindi, vengono interpretate non più come doveri assoluti ma come scelte, possibilità – non le uniche – nella vita di una donna, argomento su cui ci si confronta tutt'oggi e che sottolineano ancora una volta la carica innovatrice della produzione letteraria di fine Ottocento, anticipatrice di tendenze tematiche ed espressive che saranno poi centrali nel dibattito letterario e culturale novecentesco.

Altre interpretazioni di *A Cross Line* – tra cui quella di Fluhr[130] – evidenziano, invece, come nei racconti di Egerton l'istinto materno sia, in fondo, più forte del desiderio sessuale stesso. La scelta finale dell'eroina risponde quindi perfettamente a quanto la società contemporanea si aspetta da una moglie e auspica la ripresa all'interno di questa coppia dei ruoli tradizionalmente assegnati a moglie e marito, che fino a quel momento apparivano rovesciati e, messe da parte le fantasie, il desiderio sessuale femminile torna a essere considerato solo in termini di procreazione. In quest'ottica, la maternità e l'apprendimento di un sentimento che Gipsy prima non possedeva, può essere interpretata come quella "linea trasversale" del titolo: un evento che attraversa l'esistenza e modifica nel profondo la natura della protagonista, eclissando tutto il resto, dal desiderio sessuale alla monotonia del matrimonio, al marito stesso. Come sottolinea ancora Fluhr, inoltre, è nella maternità che tradizionalmente la sessualità femminile poteva essere compresa e accettata e l'influenza delle teorie eugenetiche aveva caricato la procreazione di nuove aspettative.

---

[130] Nicole M. Fluhr, *Figuring the New Woman*, cit., pp. 243-266.

Il discorso sulla maternità si intreccia, ancora nell'analisi di Fluhr, a procreazione e creatività, un punto di vista interessante mediante cui interpretare alcuni aspetti, per esempio, di *Wedlock*[131], tra i racconti più drammatici e intensi di Egerton, che non teme, infatti, di rappresentare anche gli aspetti più dolorosi, tragici e sconvenienti della maternità, come risulta evidente in questo racconto, il più tormentato e controverso delle due principali raccolte dell'autrice. Ambientato nei sobborghi *middle-class* di Londra, il racconto offre una rappresentazione problematica del matrimonio e della maternità, come evidente già dal titolo: "wedlock" significa infatti vincolo matrimoniale, ma un vincolo che possiamo interpretare con connotazione negativa laddove "to lock" ha il significato di serrare, chiudere a chiave e le cui implicazioni sono ancora una volta più evidenti terminata la lettura. In questo racconto l'unione infelice tra i coniugi Jones e il trauma conseguente alla perdita di un figlio conducono, infatti, verso il tragico epilogo. Nel passato di Mrs Jones risiede il dolore per la separazione da una figlia avuta in precedenza da una relazione illegittima e lasciata alle cure della sorellastra. L'attuale marito, vedovo e con tre figli, aveva acconsentito a prenderla con loro dopo il matrimonio, infrangendo però la promessa. La sofferenza della donna si aggrava tragicamente quando scopre che l'amata figlia è morta in seguito a una fulminante malattia che Mr Jones le ha nascosto; giunta al capezzale della bambina quando ormai è troppo tardi, solo per assistere al suo funerale, la mente già disturbata della donna ha un crollo completo e, guidata dalle allucinazioni, uccide i tre figliastri.

In *Wedlock* l'autrice rappresenta gli aspetti più tragici e tormentati di un matrimonio infelice in cui la donna non ha

---

[131] George Egerton, *Wedlock*, cit., pp. 115-126.

alcuna possibilità di scelta, costretta in un vincolo matrimoniale dominato dal maschio: la protagonista risponde, quindi, con un'azione – violenta – che rompe lo stato di passività cui le donne in questo sistema sono obbligate. Un destino di sottomissione e infelicità che per Mrs Jones appare ineluttabile fin dal principio, una *fallen woman* costretta a separarsi dalla figlia illegittima e, nel matrimonio senza amore, tratta in inganno e condannata alla sofferenza, a una vita di soffocante isolamento. Come sottolinea Forward, Egerton appare piuttosto sensibile, si accennava, al tema della maternità fuori dal vincolo matrimoniale, che rappresenta in diversi racconti, soprattutto in questa seconda raccolta, *Discords*:

> It is striking that in four of the six tales in *Discords* she writes about the subject of illegitimacy: the issue was evidently very much on her mind at that time. Presumably she had followed with interest the development of the Legitimation League, which had been inaugurated a year earlier, in 1893 [...]. [132]

Un desiderio di maternità che si scontra, quando non legittimata dal vincolo matrimoniale, con la morale e le leggi del tempo, che non tutelano i figli illegittimi e stigmatizzano le donne che a essi non rinunciano.

La protagonista di *Wedlock*, ambientato nei sobborghi di Londra rappresentati nel loro aspetto meno idilliaco, è, quindi, una donna che non ha alcun controllo sulla propria vita né diritti, il cui alcolismo è dettato dal trauma, una sofferenza simile a quella che si vedrà, per esempio, in *Gone*

---

[132] Stephanie Forward, *Attitudes to Marriage in the Late Nineteenth Century*, cit., p. 186.

Under[133], per la perdita – l'aborto, imposto dall'uomo – di un figlio, che anche in quel caso conduce la protagonista alla disperazione. Ed è, curiosamente, proprio in *Gone Under* e *Wedlock* che l'autrice carica le protagoniste di un forte istinto materno considerato quale "unica fibra divina" in una donna[134].

In questo racconto, inoltre, di particolare interesse è la tecnica narrativa con cui la Egerton presenta la tragica storia della famiglia Jones, come sottolineato anche nell'approfondita indagine di Bjorhovde[135]. Egerton si allontana, ancora una volta, dal tradizionale narratore autorevole e onnisciente di stampo vittoriano, per osservare la vicenda attraverso due principali punti di vista interni ma piuttosto distaccati, rappresentati dai muratori al lavoro nella casa di fronte alla dimora dei Jones e dalla giovane scrittrice che per un breve periodo ha affittato una stanza e alla quale Mrs Jones racconta la sua triste storia, per chiudersi poi con un punto di vista esterno ma ancora una volta non onnisciente, simbolo di una distanza, di un isolamento ormai completo:

> This drastic change in attitude from the classic realistic writer of the nineteenth-century to the twentieth-century modernist was obviously not the result of purely literary development. It was one of the "modern" ways of responding to an increasingly confusing world, a world where the old certainties about life and death, about the past, the present and the future. In such a world it was no longer natural for

---

[133] George Egerton, *Gone Under*, cit., pp. 101-114.
[134] George Egerton, *Wedlock*, cit., p. 108.
[135] Gerd Bjorhovde, *Rebellious Structures*, cit. 157.

writers, either, to feel themselves in a position of authority towards their readers, not even in their "own" texts.[136]

Cambi di scena e di punto di osservazione sulla storia anche in questo caso vengono sottolineati dall'uso di puntini/asterischi, che fungono da necessarie pause in un racconto dalla drammaticità crescente e nella distanza che progressivamente si pone tra la protagonista e il lettore. L'analisi attenta di Bjorhovde si sofferma, infatti, sulla scelta sapiente di Egerton di una narrazione giocata sulla distanza tra chi osserva/legge la storia e la sua tragica protagonista, sul mascheramento, sull'impossibilità di avvicinarsi troppo al dramma che sta per compiersi e di provare empatia con il personaggio di Mrs. Jones, elementi che, ancora una volta, collocano Egerton tra i principali anticipatori delle tecniche moderniste:

> [...] the use of an internal narrator or mediator is a device which turns up again and again in Egerton's stories. [...] this, too, may be regarded as one more indication of an artistic position midway between the old one of confident omniscience, and the modern one, which was on its way, of a narrator retreating more and more completely from her/his story.[137]

In quest'ottica, l'economia dello stile adottata dall'autrice richiama in primo luogo il carattere intrinseco della forma breve, nel rispetto dei principi di *brevitas* e rifiuto di tutto ciò che è superfluo; inoltre, nel caso specifico di *Wedlock*, questa tendenza denota ancora una volta un'affinità di fondo tra la

---

[136] Ibid., p. 157.
[137] Ibid., p. 166.

narrativa egertoniana e, si è detto, le tendenze poi sviluppate dal racconto modernista di inizio Novecento, come appare evidente già nell'incipit della storia in cui, nello spazio breve di un paragrafo, si dispiegano di fronte al lettore in maniera immediata la collocazione spazio temporale del racconto (la Londra più o meno contemporanea del periodo in cui è stato scritto, ambientato in primavera) e l'ambiente sociale in cui esso si sviluppa (i sobborghi della città).

Fin da principio, quindi, la scena è osservata e descritta dal punto di vista di personaggi secondari che guardano compiersi il dramma, intervenendo poco o nulla sulla vicenda, con una tecnica che ha l'effetto di rendere ancor più evidente la situazione di isolamento e disperazione della donna. Il punto di vista dei muratori arricchisce la trama di un primo sub-plot mediante considerazioni su alcolismo e infelicità coniugale ed evidenziando quel senso di tragicità imminente che attraversa tutto il racconto. Lo stesso punto di vista su cui si chiude la storia, un banale evento collaterale che rende impossibile evitare il dramma e l'osservazione, infine, sempre più ravvicinata. Nella prima parte è la giovane scrittrice che ha preso in affitto alcune stanze della casa dei Jones a osservare la quotidiana sofferenza della donna, giudicandone le mancanze e, mediante deboli tentativi, provando ad aiutarla. Ma la giovane non è in grado di salvarla mentre, nella sua uscita di scena – per proteggere sé stessa e il proprio lavoro – leggiamo il senso di una tragedia ormai imminente e, parallelamente, dal punto di vista della disperata Mrs. Jones, la condanna all'indifferenza e all'isolamento da parte di una società che severamente giudica ma nulla fa per impedire la degenerazione.

Wedlock è, quindi, rappresentazione di una maternità dolorosa, negata, che nel tragico epilogo lascia nel lettore un senso di profondo disagio; partecipando al dolore della

114

donna, è comunque impossibile giustificarne l'atroce delitto, un atto brutale descritto, seppur con i contorni di un sogno allucinato, con disturbante realismo, a sottolineare anche in questo caso la profonda influenza del Naturalismo. Tragico e intenso, l'epilogo della vicenda è osservato dall'esterno: uno dei muratori che sta lavorando a una casa del vicinato, vede accendersi la luce nella stanza dei bambini della dimora dei Jones; tuttavia, come la giovane scrittrice, così anche l'uomo resta spettatore ai margini della scena, non vi interviene direttamente e da questa si allontana, insieme al lettore. Quando Egerton ci riconduce all'interno della casa, infatti, l'omicidio è avvenuto e Mrs. Jones sta dormendo serena: le mani macchiate di un rosso cremisi – anche se il sangue non viene mai citato direttamente – tiene in grembo la collanina di perline della sua bambina defunta ed è proprio lei che sta sognando, mentre in un campo di papaveri lancia manciate di fiori rossi su tre piccole tombe aperte. Non assistiamo, quindi, direttamente all'azione violenta, ma la potenza delle immagini evocate dal sogno e la tecnica narrativa utilizzata rendono comunque efficacemente la violenza dell'atto compiuto. Esso spezza ogni possibilità di empatia con la protagonista della storia, in un dramma di miserie quotidiane in cui progressivamente i protagonisti della vicenda restano simbolicamente soli sulla scena mentre le comparse si allontanano, incapaci di salvarli.

Inoltre, dal punto di vista tematico, è indubbia l'influenza del Naturalismo nella scelta di rappresentare in questo racconto gli effetti dell'alcolismo, insieme alla riflessione intorno alle problematiche del matrimonio: in *Wedlock*, infatti, Egerton si sofferma sugli aspetti più oscuri e tormentati di un matrimonio oppressivo, l'alienazione della protagonista e il crollo di ciò che Bjorhovde, ancora, definisce "il mito dell'idillio suburbano"[138], un luogo che si dimostra in realtà opprimente al pari di una prigione, da cui Mrs. Jones non riesce a sfuggire.

Infine, è interessante la riflessione di Fluhr su maternità e scrittura:

> [...] Egerton wanted to investigate the connection between women's creative and procreative abilities, the relation between their ability to represent themselves in texts and to reproduce themselves in their children.[139]

Fluhr, infatti, mette in luce alcuni aspetti che sembrano accomunare, in qualche modo, Mrs. Jones e la giovane scrittrice, riprendendo la similitudine tra scrittura e procreazione. Entrambe vivono nel timore di perdere qualcosa di molto caro (la figlia illegittima per Mrs. Jones, la vena creativa e il proprio sostentamento per la scrittrice) e il blocco dello scrittore che coglie la giovane viene descritto da Egerton usando termini che richiamano concepimento e maternità ("sterility"), allo scopo di rappresentare la creatività come una sorta di messa al mondo; allo stesso modo, per entrambe le donne un passato di fertilità (creativa e procreativa) contrasta con la sofferenza e apparente sterilità del presente (blocco creativo e perdita della figlia). Nonostante non manchino similitudini tra i due personaggi, come si è visto la narrazione è costruita per mettere sempre più in evidenza la distanza tra Mrs. Jones e coloro che la circondano, che osservano senza intervenire direttamente nella storia e creando una simile barriera anche tra lei e il lettore. In questo senso, evidenzia ancora Fluhr, la scrittura è

---

138 Gerd Bjorhovde, *Rebellious Structures*, cit., p. 147.
139 Nicole M. Fluhr, *Figuring the New Woman*, cit., p. 247.

il mezzo attraverso cui la giovane ospite può garantirsi l'indipendenza ma che, per contro, la rende anche incapace di reale empatia. È una libertà che, si intuisce, potrebbe facilmente tramutarsi in solitudine, prezzo che, tuttavia, la giovane è disposta a pagare pur di garantirsi quell'indipendenza negata invece a Mrs. Jones.

Le conseguenze di una maternità sofferta sono al centro anche del racconto *Gone Under*, pubblicato, come il precedente, nella seconda raccolta di Egerton, *Discords*. In questa storia, al tema della maternità si lega la riflessione sull'amicizia femminile, centrale nella produzione letteraria della scrittrice inglese che in numerosi racconti si sofferma sul legame emotivo e psicologico che si crea tra donne, spesso molto diverse per età, estrazione sociale, codici comportamentali, e che rappresenta alcuni tra i più forti momenti di intensità narrativa. Il rapporto di amicizia appare immediato, profondo, più incline alla comprensione e alla solidarietà che al giudizio, anche quando scelte incaute hanno portato alla rovina. In *Gone Under*, la passione amorosa ha infatti condotto all'infelicità: la sofferenza di Mrs Grey, a bordo di una nave in viaggio da New York all'Inghilterra, trova conforto e solidarietà nella giovane donna che ne ascolta la storia e, seppur sia evidente il contrasto tra la ragazza e quella *lost soul* che condivide con lei i propri turbamenti, il tacito patto di solidarietà femminile permette di sospendere ogni giudizio per lasciare spazio solo alla compassione. "Why are you so good to me?"[140], chiede laconica Mrs Grey alla sua gentile amica, la quale prontamente risponde: "I don't know, because you are a woman, I suppose, as I am"[141], secondo quell'istinto alla

---

[140] Ibid., p. 106.
[141] Ibidem.

solidarietà femminile in un mondo dominato dagli uomini e dal pregiudizio che, inevitabilmente, sfiora anche questa nuova e, secondo alcuni, sconveniente amicizia, nella quale le differenze tra le due donne sono marcate anche dall'uso di sostantivi differenti, "the girl" e "the woman", per distinguerne, più dell'età, l'esperienza e lo sguardo sul mondo. Il desiderio e la scelta di vivere una relazione fuori dal matrimonio vengono qui rappresentati nei loro aspetti più crudeli e sofferenti e il rapporto di amicizia che nasce tra le due donne veicola il giudizio del lettore, che prova pena per quella donna rovinata la cui disperazione per la perdita di un figlio ha condotto lungo la strada dell'alcolismo e della solitudine. L'alcolismo, ancora una volta, come reazione a un evento traumatico, una dipendenza che la protagonista sembra incapace di superare, nonostante l'intervento – in questo caso ben più partecipe rispetto a *Wedlock* – della giovane amica, preoccupata per quell'anima perduta. Il racconto di Edith, commovente e intenso, unisce le due donne in un momento di profonda connessione psicologica ed emotiva e l'immagine della madre che stringe tra le braccia il bambino morto richiama immediatamente una scena similare in *Wedlock*. La maternità biologica, quindi, in entrambi i racconti è rappresentata nei suoi aspetti sofferti di perdita, disperazione e un istinto innato – a differenza di quanto avviene invece in *A Cross Line* – che se negato annienta la protagonista, incapace di superare il trauma.

Emblematica, anche in questo caso, la scelta del titolo, il cui significato "andato sotto", "affondato", richiama la discesa letterale nella cabina dove la sofferente Mrs. Grey racconta la propria storia e un'altra figurata, nella caduta disperata e nella sconfitta della protagonista: tre anni dopo il loro incontro sulla nave, le due donne si ritrovano infatti, per un attimo fugace, per le strade di Londra, dove la triste parabola di Mrs. Grey – di cui porta i segni sul volto, precocemente invecchiato – si è evidentemente compiuta.

Come caratteristico dei racconti della Egerton, non vi è nel finale una risoluzione completa, né tantomeno un rassicurante *happy ending* e la storia si chiude lasciando molte domande – nella protagonista e nel lettore – senza risposta mentre, forse la pioggia o forse le lacrime, rigano il volto della giovane donna colpita dal tragico destino dell'amica. Anche in questo racconto Egerton sceglie, infatti, di lasciare diversi elementi indefiniti: non soltanto nel finale, come si è visto, non del tutto risolto, ma ancora una volta nel *background*, sommariamente tratteggiato, al pari delle informazioni sui personaggi e sull'ambientazione; della storia di Mrs. Grey apprendiamo solo ciò che lei stessa racconta alla nuova amica e poco più, di quest'ultima non veniamo a conoscenza nemmeno del nome e possiamo solo intuire la giovane età e la professione che ha svolto in America. Sono tutti elementi, infatti, superflui ai fini della storia, di quel frammento di vita che Egerton ha scelto di raccontare e di cui vediamo compiersi sulla pagina solo un lampo. L'utilizzo anche in questo caso del tempo presente concorre ad avvicinare il lettore alla storia, che sembra compiersi appunto nel momento stesso della narrazione, mentre il punto di vista della giovane – parziale, soggettivo, partecipe – permette un grado notevole di empatia con le sofferenze della protagonista, creando un legame tra lettore e personaggio che non era possibile, come si è visto, in *Wedlock*, rimarcando però, come evidente nel finale, la distanza che nonostante tutto si pone fra le due donne. Appare quindi interessante in questo racconto, come negli altri di Egerton, la scelta di un punto di vista interno che funge, come sottolinea

Bjorhovde[142], da osservatore e mediatore e che sembra servire a creare, appunto, quella certa distanza tra lettore e protagonista rendendo evidente l'impossibilità, si diceva, di un solo punto di vista sulla storia, onnisciente e autorevole. In questo caso, il punto di vista coincide con quello della giovane che accudisce Mrs. Grey e partecipa accoratamente alle sue sofferenze, ma creando comunque, seppur di poco, un certo grado di separazione tra la *fallen woman* e il lettore, che non riesce fino in fondo a farsi partecipe della sofferenza della donna.

Nella figura della narratrice torna, ancora una volta, il tema della scrittura: come per la giovane di *Wedlock*, anche in questo caso Egerton sembra riflettere sulle difficoltà del mestiere, l'incertezza di una donna che per vivere può contare solo sulle sue forze, l'incontro con realtà – culturali, sociali – lontane da quanto fino a quel momento conosciuto, in un gioco di spunti e rielaborazioni dell'esperienza biografica che non è difficile intuire. E, soprattutto, la scelta di dedicarsi alla scrittura comporta, anche in questo racconto, un certo grado di solitudine e di distanza dalle persone, per un breve momento interrotta dalla connessione emotiva con un'altra donna, anch'essa sola, seppur per ragioni molto diverse. Essere una scrittrice permette di osservare il mondo e le persone con sguardo lucido e attento, soffermarsi su dettagli e frammenti di vita, cercare di indagare la psicologia e i sentimenti delle persone incontrate, ma impone un certo distacco, una tendenza all'isolamento, come appare evidente da questi due racconti.

In *Gone Under*, infine, la scelta di ambientare la storia a bordo di una nave durante la traversata da New York all'Inghilterra, sottolinea ancora una volta il carattere di

---

[142] Gerd Bjorhovde, *Rebellious Structures*, cit.

transizione, temporaneità della *short story* di fine secolo; nelle storie di Egerton, infatti, l'eroina è spesso alle prese con il viaggio e le possibilità per una donna indipendente di muoversi più liberamente fuori dalla sfera domestica. La domesticità e gli spazi chiusi (come per esempio, in questo caso, la cabina di Mrs Grey), tradizionalmente la sfera ideale per la donna, sembrano lasciare il posto alla vita all'aria aperta (come si è visto in *A Cross Line*) e al desiderio di libertà e indipendenza: se il destino di Mrs Grey è segnato, una *fallen woman* condannata a scomparire nell'ombra, la giovane scrittrice rappresenta invece la *New Woman* indipendente che vive del proprio lavoro, si muove agilmente per il mondo, un'esistenza solitaria forse, ma di successo. Tuttavia, a differenza di quanto si è visto per alcuni racconti di Sarah Grand, quelli di Egerton sono privi, si è detto, di contenuti didascalico moraleggianti, come sottolineato dall'autrice stessa, che ha sempre rifiutato ogni etichetta:

> I had, contrary to opinion, no propaganda in view, no emancipation theory to propound, no equality idea to illumine. I chose my characters with a view to exposing some side of womanhood, some freak, some hidden trait, some secret emotion.[143]

Anche in *Gone Under*, nel rappresentare una donna rovinata, Egerton rinuncia a giudicarne le azioni che l'hanno condotta al triste epilogo o, se lo fa, sembra più propendere per l'accusa nei confronti di una società, di una mentalità, che mortifica le donne, ne limita le possibilità, nel nome di

---

[143] Da una lettera scritta da George Egerton, citazione tratta da Stephanie Forward, *Attitudes to Marriage in the Late Nineteenth Century*, p. 180.

rigidi codici morali. Ed è, ancora, la società a giudicare e isolare: ne è un esempio il microcosmo rappresentato dai passeggeri della nave su cui viaggiano Edith e la giovane scrittrice, che aspramente giudicano la condotta della donna e tendono a isolare chi le si avvicina; rappresentanti di quella stessa società che non accetta un figlio nato da una relazione clandestina, di cui è necessario quindi liberarsi, in maniera brutale, e condanna la madre alla disperazione e solitudine. *Gone Under*, dai toni meno tragici rispetto a *Wedlock*, rivela comunque, al pari dell'altro racconto, le contraddizioni di un mondo ipocrita, dominato dagli uomini, nel quale per donne come Edith e Mrs Jones sembra non esserci salvezza possibile.

Matrimonio e relazioni: *Virgin Soil* e *A Psychological Moment at Three Periods*

La storia di Mrs Grey rappresenta solo un aspetto della discussione di fine secolo intorno a sessualità e relazioni, di cui Egerton e le altre autrici indagano complessità e contraddizioni. Se in *Gone Under* la passione ha portato alla rovina, *A Psychological Moment at Three Periods*[144] pone la questione a un grado maggiore di complessità. In questa *long short story*, viene presentato al lettore "un momento psicologico in tre periodi", tre momenti differenti della vita della protagonista, infanzia, adolescenza ed età adulta, per concentrare l'attenzione soprattutto su quest'ultimo. Con tecnica quasi cinematografica, Egerton apre ognuna di queste scene su paesaggi o luoghi, soffermandosi brevemente su personaggi non sempre legati alla vicenda, per poi restringere

---

[144] George Egerton, *A Psychological Moment at Three Periods*, cit., pp. 67-94.

il campo sul particolare di interesse. Isabel, la protagonista del racconto, è una giovane dall'animo estremamente sensibile e appassionato, che soffre sinceramente di fronte alle ingiustizie del mondo. Nella terza, più articolata, parte del racconto, viene presentata come una giovane donna che vive in città, una Londra piena di stimoli e possibilità, dove incontra un uomo sposato e piuttosto ricco del quale si invaghisce che, attraverso parole appassionate e un subdolo ricatto, cerca di convincerla a diventare la sua amante.

> I am married, very much married, I owe all to my wife. Let us stick to fact – the great fact – you! If you only knew how much good you might do me, what an influence you have over me, how straight you could keep me. But you are like all the rest of your sex, selfish to the heart's core. You'd let a man go to perdition before you'd sacrifice an iota of your infernal purity [...] because you hold your good name more worth than a man's life.[145]

Anche in questo caso, il racconto è costruito in terza persona e caratterizzato dal punto di vista femminile sulla vicenda e concentra l'attenzione sulla storia della donna e la sua scelta di acconsentire alla relazione illecita, nonostante lo scandalo e il disonore che potrebbero derivarne. Tuttavia, alla sofferenza per un legame clandestino, si intreccia il senso di colpa per il torto fatto a un'altra donna nell'ottica di quella sensibilità all'amicizia e alla solidarietà femminile tanto presente nella narrativa egertoniana. Quando la moglie, stanca di sopportare la relazione clandestina, decide di chiedere il divorzio, l'uomo sceglie quindi di liberarsi di Isabel, offrendole del denaro per uscire di scena senza creare

---

145 Ibid., p. 78.

scandalo. Isabel rifiuta il denaro ma acconsente a chiudere la relazione – legame che in generale non è mai stato felice e soddisfacente –, scelta che appare più dettata dal rispetto dei sentimenti della moglie che dal timore del giudizio della società, e concorre alla presa di coscienza di sé stessa e alla volontà di decidere da sola del proprio futuro.

> Her soul-soiling is not because she lived with him, but because she lived with him for a reason other than love, because it involved a wrong to another woman.[146]

L'incontro con un'amica d'infanzia porta presto alle confidenze ed entrambe le donne di questo racconto rappresentano aspetti differenti di infelicità: dove la protagonista è una *fallen woman* che, dopo la sofferenza, cerca ora di ricostruire la propria vita, la giovane che la ascolta è immagine di infelicità coniugale. La prima non può offrire soluzioni alla compagna, né illuderla con false speranze di perfetta felicità coniugale in una società patriarcale, ma attraverso il racconto della propria esperienza può ispirarla e lasciare spazio all'idea che possano esserci comunque delle possibilità, per entrambe, che restano tuttavia indefinite.

> I can't help you. You must find yourself. All the systems of philosophy or treatises of moral science, all the religious codes devised by the imagination of men will not save you, always you must come back to yourself. [...] Stand on your own feet, heed no man's opinion, no woman's scorn, if you believe you are in the right.[147]

---

[146] Ibid., p. 88.
[147] Ibid., p. 93.

124

Come emerge anche dalle argomentazioni di Forward[148], quindi, in finali di questo genere traspare l'idea che, alla fine del secolo, quella che viene considerata una *fallen woman* non debba tuttavia lasciarsi schiacciare dal giudizio della società, come accade in *Gone Under* o *Wedlock*, ma possa costruirsi la propria vita. Centrale, in questo racconto, quindi, la riflessione sul doppio standard di giudizio della società vittoriana di fine secolo, che condanna le scelte di una donna molto più duramente di quanto avviene per gli uomini. Egerton sceglie di rappresentare una *New Woman* che non soltanto sfida le convenzioni intrecciando una relazione clandestina con un uomo già sposato, ma presentando infine la protagonista di fronte alle numerose possibilità che le si palesano, libera finalmente da un legame opprimente e decisa a trovare la propria strada. È la celebrazione del potenziale femminile, di una donna pronta a scoprire il mondo e fare nuove esperienze e in questo risiede, secondo Vicinus, l'elemento innovativo che rende i racconti di Egerton ancora molto attuali:

> [...] Egerton was fearless in presenting the evil consequences of the continued ignorance and victimization of women, though her portrayals of fallen women, injured wives and victimized women are more conventional, more predictably nineteenth century. The real excitement of reading Egerton comes from the discovery of self, the pushing outward of woman's potential in her stories. She refuses to accept less than the most complete life, the most complete freedom, the most complete soul for her women.[149]

---

[148] Stephanie Forward, *Attitudes to Marriage in the late Nineteenth Century*, cit.
[149] Martha Vicinus, "Introduction", cit., p. 19.

Quali che siano le scelte delle protagoniste di Egerton – il matrimonio, la maternità, la stabilità affettiva, o la libertà, il desiderio, l'indipendenza, la rinuncia – esse rappresentano una femminilità nuova, che non accetta di rinunciare a sé stessa, reprimere le proprie passioni, perché gli effetti sarebbero devastanti, come evidente in alcuni tra i più drammatici racconti. Al contrario di Edith, la *lost soul* di *Gone Under*, la protagonista di questo racconto rappresenta, come sottolineato ancora da Forward[150], la possibilità di sopravvivere a una situazione degradante e ricominciare.

Altrettanto forte la presa di posizione di Egerton in *Virgin Soil*[151], in cui gli effetti traumatici di un'educazione tradizionale non conducono verso un finale tragico ma sono l'occasione per mettere in scena un intenso confronto generazionale. La protagonista del racconto, la giovane sposa Florence, dopo cinque anni di lontananza fa ritorno alla casa d'infanzia ed è pronta a confessare apertamente alla madre tutto il suo rancore: costretta in un matrimonio infelice e di recente venuta a conoscenza delle relazioni extraconiugali del marito Philip, ha deciso di lasciarlo, incurante dello scandalo che potrebbe compromettere la sua posizione sociale. Se a un certo livello di lettura il racconto è l'occasione per riflettere su matrimonio, infelicità e convenzioni, il motivo più interessante e provocatorio è sicuramente dato dal confronto tra madre e figlia. Florence, infatti, profondamente amareggiata per lo stato di infelicità coniugale in cui ha vissuto negli ultimi cinque anni, si scaglia contro la madre e il sistema di valori che rappresenta; un sistema educativo che, come si è visto soprattutto

---

[150] Stephanie Forward, *Attitudes to Marriage in the Late Nineteenth Century* cit., p. 188.
[151] George Egerton, *Virgin Soil*, cit., pp. 127-134.

relativamente ai racconti di Grand, costringe le ragazze nell'ignoranza al fine di preservarne l'innocenza ma impedendo loro in questo modo di essere adeguatamente preparate al matrimonio, ai rischi in cui possono incorrere, alle difficoltà del matrimonio. Le giovani donne sono, in tal senso, "terra vergine". Le attende un destino di doveri e obbedienza, spesso di infelicità, che in parte possiamo già intuire all'inizio del racconto quando la protagonista ci viene presentata, appena diciassettenne, un attimo dopo le nozze ma del tutto impreparata ad affrontare la vita coniugale. Sopraffatta dall'ansia per il cambiamento e l'incertezza che la attende, si rivolge alla madre cercando in lei conforto e soprattutto una guida, ma rimane presto delusa dalle risposte – ancora una volta – evasive della donna che le raccomanda soltanto di fare completo affidamento sul marito, al quale dovrà obbedire fiduciosa per ogni cosa. Cinque anni dopo le nozze, Florence è una donna tradita dal marito e profondamente delusa dal sistema del silenzio in cui ragazze come lei sono state cresciute. Messa a conoscenza dell'infelicità della figlia, la madre resta tuttavia estremamente scioccata dalla sua decisione di lasciare il marito esponendosi così allo scandalo e ai pettegolezzi e cerca di convincerla a salvare il povero Phil dal peccato, nel nome della sacralità del matrimonio e secondo quello spirito di sacrificio cui le donne sono destinate a essere devote.

Il cuore del racconto è rappresentato dalla polemica antimatrimoniale espressa da Florence e dal duro attacco al sistema educativo secondo cui è stata cresciuta, che esprime chiaramente e con asprezza, in un tono all'apparenza sereno ma che contrasta con i termini utilizzati con frequenza come "kill", "hell", "crucifixion" per descrivere la sofferenza del proprio matrimonio, in cui la giovane sente di essere stata offerta al pari di una vittima sacrificale. L'ambientazione – il racconto si svolge quasi interamente in interni, nella dimora d'infanzia della protagonista – e, soprattutto, la feroce critica antimatrimoniale, richiamano in qualche modo il dramma di Ibsen nell'atto d'accusa finale di Nora diretto al marito: l'eroina di Ibsen, profondamente delusa dal giudizio del marito, della società, si esprime duramente contro coloro che l'hanno trattata al pari di una bambola – il padre, in primo luogo, il marito – e sceglie di andarsene, per ricominciare una nuova vita, così come ha scelto di fare Florence che indirizza la propria rabbia verso la madre.

> [...] marriage becomes for many women a legal prostitution, a nightly degradation, a hateful yoke under which they age, mere bearers of children conceived in a sense of duty, not love.[152]

L'atto d'accusa – che equipara il matrimonio alla prostituzione – è diretto e durissimo, e lascia la madre sconcertata ma serve a Florence per liberarsi del pesante carico emotivo e dichiarare, infine, il suo desiderio di libertà, il diritto a costruirsi una vita soddisfacente. Decisa a lasciare il marito, infatti, si dichiara ora pronta a vivere la propria vita, consapevole e libera, felice di essersi resa conto in tempo dei doveri verso sé stessa. Come sottolineato ancora da Forward, ripudiando il marito Florence sembra in qualche modo ripudiare la società patriarcale stessa[153], da cui sceglie di non essere più oppressa.

---

[152] George Egerton, *Virgin Soil*, cit., p. 131
[153] Stephanie Forward, *Attitudes to Marriage in the Late Nineteenth Century*, cit., p. 191.

V.

Mona Caird

Paragonato alla produzione letteraria delle altre autrici in tal sede considerate, l'apporto di Mona Caird alla *short fiction* di fine secolo appare piuttosto esiguo: soltanto tre racconti pubblicati nella raccolta *The Romance of the Moor,* uno dei quali, *The Yellow Drawing Room,* è presente in numerose antologie mentre gli altri, nonostante le approfondite ricerche, risultano ormai introvabili. Se il nome di Caird era, inoltre, piuttosto popolare negli ultimi decenni dell'Ottocento, al volgere di secolo la fama della scrittrice e femminista inglese è andata via via scemando e, similmente a quanto accaduto per le altre autrici oggetto di questa indagine, il suo contributo al dibattito culturale e letterario del tempo a lungo negato. Grazie alla seconda ondata del femminismo novecentesco, come si è visto, è stato possibile recuperare dall'oblio molte autrici e opere della *fin de siècle,* rivalutarne l'apporto al discorso letterario e sociale, nella definizione e sviluppo della forma breve in anticipo su tendenze e modalità espressive del modernismo di primo Novecento.

Per quale ragione, quindi, includere Caird in questa ricerca? Sebbene sia stato possibile recuperare soltanto un racconto esso è parso, innanzitutto, particolarmente significativo nell'ottica di questa indagine; inoltre, il contributo di Caird al dibattito di fine secolo relativamente la *Marriage Question* è senza dubbio considerevole, come risulta evidente anche dalla popolarità raggiunta dall'autrice in seguito alla pubblicazione del discusso articolo *Marriage*[154] pubblicato nel 1888 sulle pagine della *Westminster Review*, il dialogo con i protagonisti della scena culturale del tempo, i punti di contatto e le differenze con le altre scrittrici qui considerate. È sembrato doveroso, quindi, includere Caird in tale ricerca, convinti dell'apporto fondamentale della scrittrice al discorso sul matrimonio negli ultimi decenni dell'Ottocento e della rilevanza del racconto citato nello studio della *short fiction* femminile del periodo in questione.

Cenni biografici: Mona Caird e la questione matrimoniale

Nonostante la notorietà raggiunta da Caird (Alice Mona Alison, isola di Wight 1854 – Londra 1932) negli ultimi decenni dell'Ottocento, relativamente scarse sono le notizie sulla sua vita privata, a partire dall'infanzia trascorsa insieme alla famiglia a Kensington, Londra, di cui non è rimasta testimonianza. A ventitré anni sposa James Alexander Henryson Caird, proprietario terriero di trentun anni più anziano di lei, proveniente da una distinta famiglia scozzese. Come sottolinea Heilmann[155], la tenuta in stile gotico nella quale si trasferisce dopo il matrimonio ispirerà lo sfondo di molti scritti di Caird ma, nonostante la campagna idilliaca che la circonda, avrà sentimenti ambivalenti sul tradizionale stile

---

[154] Mona Caird, *Marriage*, Westminster Review, August 1888, pp. 186-201.
[155] Ann Heilmann, *Mona Caird (1854-1932): wild woman, new woman, and early radical feminist critic of marriage and motherhood*, Women's History Review, Vol. 5, No. 1, 1996, p. 67-95.

di vita promosso dalla famiglia e le aspettative nei confronti della giovane sposa. Nonostante manchino testimonianze specifiche, il matrimonio con Henryson Caird appare, per quel che ci è dato comprendere, piuttosto stabile e senza dubbio basato su un certo grado di indipendenza per entrambi i coniugi: l'uomo sembra infatti prediligere la vita tranquilla nella tenuta di campagna, lasciando tuttavia la moglie libera di viaggiare a Londra e all'estero anche sola, seguendo le proprie inclinazioni intellettuali e letterarie. A questa indipendenza non rinuncia nemmeno in seguito alla nascita del figlio, Alistar James, nel 1884: sempre stando al giudizio espresso da Heilmann, la posizione critica di Caird in tema di maternità denoterebbe, tuttavia, una certa difficoltà nella donna ad adattarsi al ruolo di madre e un rapporto con l'unico figlio che, anche negli anni a venire, sarà segnato da scarse dimostrazioni di affetto e disaccordi. Le scelte di vita, gli interessi e le inclinazioni di Alister appaiono, infatti, in netto contrasto con tutto ciò che la madre rappresenta, dalla decisione di intraprendere la carriera militare (contrariamente ai desideri materni), la passione per la caccia (mentre erano note al tempo le posizioni in difesa dei diritti degli animali espresse da Caird in numerosi saggi e interventi pubblici), all'indifferenza per il mondo letterario e culturale, fino ai contrasti tra suocera e nuora, l'ambiziosa arrampicatrice sociale che Alister sceglie di sposare. Ciò che risulta di interesse ai fini di questa ricerca è il contributo della scrittrice al dibattito sulla *Marriage Question* e la maternità che alla fine del secolo coinvolge, come si è più volte sottolineato, scrittori e intellettuali del periodo di cui Caird, nello specifico, è stata tra le voci protagoniste con posizioni spesso radicali, anticipatrice di molte tendenze del femminismo tardo novecentesco. Tuttavia, nonostante abbia continuato a scrivere e confrontarsi con le tematiche contemporanee fino alla fine, la popolarità di Caird e della sua opera, come si è detto, è andata esaurendosi già nei primi anni del Novecento, per essere poi quasi del tutto dimenticata nel corso del secolo. L'attività di recupero delle scrittrici a cavallo tra Otto e Novecento da parte della critica femminista del secolo scorso, ha permesso di rivalutare anche l'apporto letterario e intellettuale di Caird, grazie alle indagini sulla *New Woman fiction* a opera – tra gli altri – di Elaine Showalter, Judith Walkovitz, Margaret Morganroth Gullette e, soprattutto, di Heilmann, il cui contributo appare particolarmente significativo per l'attenzione riservata alla costruzione, nel percorso intellettuale di Caird, di una posizione originale, anticipatrice di tematiche che saranno proprie del femminismo radicale degli anni Settanta e Ottanta del Novecento.

Quando nell'estate del 1888 l'articolo *Marriage*, come poc'anzi anticipato, viene pubblicato nella "Independent Section" della *Westminster Review*[156], Caird si ritrova in breve al centro del dibattito sulla questione matrimoniale: in una società come quella tardo vittoriana, in cui il matrimonio sembra essere fondato sul dominio maschile, appare evidente per Caird che l'istituzione così come concepita sia destinata al fallimento; una situazione di grave squilibrio tra i diritti dell'uomo e della donna, nel matrimonio così come nella società tutta, che inevitabilmente genera insoddisfazioni e contrasti. Partendo dalla ricostruzione storica dell'istituto matrimoniale, Caird si sofferma quindi sul ruolo di subordinazione della donna nella società contemporanea:

---

[156] Mona Caird, *Marriage*, cit.

To man, the gods give both sides of the apple of life; a woman is sometimes permitted the choice of the halves, either, but not both.[157]

Nel duro attacco alla società patriarcale, Caird sottolinea come matrimonio e prostituzione, centro del sistema religioso, economico e politico, rappresentino il mezzo ideale attraverso cui mantenere il potere maschile, privando le donne di molti diritti fondamentali, nella sfera privata quanto in quella pubblica, arrivando a impedire loro il controllo sul proprio corpo, sulla propria anima. Nello stato attuale delle cose, l'istituzione matrimoniale non può che essere, per Caird, "a vexatious failure"[158], un sistema, quindi, che è fondamentale riformare. La pubblicazione di tale articolo anima il dibattito pubblico intorno al tema matrimoniale[159], in un momento in cui, come sottolineato anche da Heilmann[160], l'oppressione sessuale diviene argomento sensibile nella coscienza pubblica. Sotto attacco, quindi, il doppio standard con cui uomini e donne sono giudicati, il matrimonio – e la prostituzione – quasi una forma di violenza istituzionalizzata. Riformare l'istituzione matrimoniale diviene, quindi, una questione necessaria e urgente realizzabile, secondo Caird, non solo mediante l'intervento politico attraverso leggi egualitarie ma anche, e

---

[157] Mona Caird, "A Defence of the Wild Women", in Mona Caird, *The morality of marriage and other essays on the status and destiny of woman*, Cambridge University Press, Cambridge, 2010, p. 171.
[158] Mona Caird, *Marriage*, cit., p. 197.
[159] La rivista riceve in risposta circa 27.000 lettere a favore o contro le considerazioni di Caird, una selezione delle quali sarà poi pubblicata nel volume "*Is Marriage a failure?*"
[160] Ann Heilmann, *Mona Caird*, cit., p. 70.

soprattutto, tramite accordi privati fra i coniugi, allo scopo di ridefinire la mentalità degli individui in tema matrimoniale:

> It is then that marriage – at present a mere mouldering branch of the patriarchal tree – must alter its nature and its form; not by the modification of a few laws, but by altered conception of a whole people.[161]

Il matrimonio ideale, continua Caird, dovrebbe invece essere libero, in quanto "so long as love and trust and friendship remain, no bonds are necessary to blind two people together"[162]: fondato su amicizia e rispetto reciproco, sui diritti della donna di decidere da sé del proprio corpo e della propria anima e, soprattutto, sull'indipendenza economica, quest'ultimo un nodo cruciale secondo la scrittrice relativamente all'emancipazione femminile e al rinnovamento dell'istituzione matrimoniale. È fondamentale per una donna, infatti, garantirsi autonomia dal punto di vista economico anche prima del matrimonio, così che non sia tentata "to marry, or to remain married, for the sake of bread and butter"[163]. La scelta stessa di sposarsi non dovrebbe apparire, secondo Caird, come l'unica strada possibile per una giovane donna, sola fonte di realizzazione personale e finanziaria:

> There would also be a chance of forming genuine attachments founded on friendship; marriage would cease to be the haphazard thing it is now; girls would no longer fancy themselves in love with a man because they had met none

---

[161] Mona Caird, *The Emancipation of the Family, part II*, The North American Review, Vol. 151, No. 404, July 1890, pp. 22-37, p. 30.
[162] Mona Caird, *Marriage*, cit., p.197-198.
[163] Ibid., p. 198.

other on terms equally intimate, and they would not be tempted to marry for the sake of freedom and a place in life, for existence would be free and full from the beginning.[164]

Posizione che ricorda quanto espresso, come si è visto in precedenza, tra gli altri anche da George Egerton e Sarah Grand: convinte che il matrimonio non sia, non debba essere, l'unica carriera possibile per una donna, che ha invece diritto a costruirsi una vita piena e ricca anche quando non scelga il ruolo di moglie, nei loro racconti hanno infatti rappresentato di frequente modelli femminili alternativi, donne indipendenti spesso non sposate ma dalla vita piena e soddisfacente. In quest'ottica anche Caird ritiene fondamentale rinnovare il metodo educativo famigliare, a partire dalla coeducazione dei sessi, rompendo con un sistema di valori concepito per preparare le figlie al solo ruolo di mogli e madri, privandole dei mezzi necessari al compimento di scelte alternative. Esortando invece le famiglie a fornire alle figlie lo spazio – anche fisico – necessario a sviluppare la propria individualità, i propri talenti, Caird – come altre scrittrici del tempo – sembra anticipare quel desiderio espresso da Virginia Woolf quando, decenni dopo, incoraggerà le sue lettrici a trovare una stanza tutta per sé, simbolo di indipendenza ed emancipazione[165].

È evidente, quindi, come la forte presa di posizione di Caird la collochi al centro del dibattito in corso alla fine del secolo di cui tuttavia, pur essendo tra le partecipanti maggiormente attive e note, rappresenterà anche una delle voci più radicali: ragionamenti e teorie espresse da Caird,

---

[164] Ibid., p. 199.
[165] Mi riferisco, chiaramente, al celebre saggio di Virginia Woolf, *A Room of One's Own*, Hogarth Press, London, 1929.

infatti, non sono sempre condivise dalle intellettuali femministe del tempo e, come già visto, risultano in anticipo su tendenze che saranno proprie del femminismo del secondo Novecento. Partendo da un comune substrato ideologico in cui centrale si avverte, anche per Caird, l'influenza di J.S. Mill e M. Wollestonecraft, la scrittrice sviluppa un approccio al tema dell'emancipazione femminile prettamente individualistico rifiutando nella costruzione dell'identità di genere le teorie basate sul sesso biologico, come evidenziato nella sua tesi da Rosenberg[166]. Pensatrice libera, Caird si interroga sul genere inteso come costrutto sociale e, relativamente alla *short fiction*, è possibile notare come l'elemento estetico, derivato dalle influenze artistiche e letterarie del periodo, non risulti subordinato allo scopo sociale dell'opera, ma a esso intrecciato nella discussione di nuovi modelli femminili, tematiche e riflessioni sul rapporto tra i sessi, educazione femminile, sessualità, matrimonio, senza rinunciare, quindi, all'aspetto puramente letterario. L'approccio di Caird in tema di genere affonda le radici, come si è detto poc'anzi, nelle teorie di Mill da cui sviluppa inoltre la convinzione che "the rights of the individual are superior to those of larger social organisms – the family, society, and the race – and that social evolution is possible only through allowing individuals to develop freely"[167], su cui fondare, quindi, anche il dibattito intorno alla questione femminile. Insomma, come ha scritto Rosenberg:

---

[166] Tracey S. Rosenberg, *Gender Construction and the Individual in the Work of Mona Caird*, Phd Thesis, University of Edinburgh, Edinburgh, 2006, p. 19.
[167] Ibid., p. 19.

Her model of gender identity rejects essentialist theories based on biological sex; it also denies that the individual must sublimate personal inclinations in order to conform to socially gendered identities.[168]

Tra gli snodi cruciali della *Woman Question* – non soltanto di fine Ottocento ma, in forme differenti, del femminismo anche novecentesco e contemporaneo – vi è la riflessione sull'esistenza o meno di sostanziali differenze biologiche tra i sessi, da cui partire nello sviluppo di teorie e modelli di emancipazione femminile. Come sottolinea ancora Rosenberg nella sua tesi:

> Mill and Caird were not denying the existence of biological differences between the sexes; however, they refused to believe that those differences should have any effect on the ways in which women and men interacted with each other and participated in their society, and rejected the idea that sex-based characteristics should determine social position.[169]

Ammettendo che esistano differenze biologiche tra uomini e donne, Mill e Caird sono convinti che queste non debbano determinare la posizione sociale, diritti e doveri, delle persone. Come si è accennato, la scrittrice è particolarmente attenta a considerare la donna in quanto individuo, svincolata dal genere e in questo si differenzia dalla maggior parte delle intellettuali New Woman[170].

---

[168] Ibidem.

[169] Ibid., p. 28.

[170] Come sottolineato da Rosenberg: "In spite of the influence of Mill [...], theories of individualism played only a minor role within the development of New Woman writing in the late 1880s and 1890s. Caird is the only significant New Woman writer who argued that

Per Caird, perciò, la donna è innanzitutto un individuo, solo in seguito identificabile in termini di genere e la stessa natura femminile va considerata più una costruzione sociale che una condizione biologica immutabile.

Inevitabile, infine, anche per Caird, la riflessione sulla maternità, su cui esprime ancora una volta opinioni piuttosto radicali, considerandola un desiderio guidato da forze sociali esterne, più che da differenze biologiche. In tale ottica di demistificazione della maternità[171] l'autrice si pone, quindi, in una posizione decisamente radicale rispetto alle femministe a lei contemporanee, considerando l'affetto di un genitore non in termini biologici, istinto innato e componente psicologica, ma una scelta, e rendendo evidente ancora una volta un punto di vista condivisibile, almeno in parte, con le altre autrici in questa sede considerate.

Nuovi modelli femminili: *The Yellow Drawing Room*

La riflessione intorno alla *New Woman* viene spesso costruita, nelle *short stories* di fine secolo, mediante il confronto tra il nuovo ideale femminile da essa rappresentato e un modello di femminilità più tradizionale, aderente ai canoni vittoriani; ciò è evidente, come si è visto, in alcuni racconti di Grand ed Egerton per esempio, dove il contrasto tra i due modelli mette in luce contraddizioni e problematiche della *Woman Question* di fine secolo. In *The*

---

emancipation should be based on women's innate rights as individuals, rather than interpreted through ideals of gender. [...] As a result, the dominant interpretation of the New Woman was not of an emancipated individual, but of a free woman". Tracey S. Rosenberg, *Gender Construction and the Individual in the Work of Mona Caird*, cit., pp. 57-58.
[171] Ann Heilmann, *Mona Caird*, cit. p. 71.

Yellow Drawing Room[172] di Mona Caird, questi due distinti modelli femminili sono rappresentati dalle sorelle Vanora e Clara, la prima una *New Woman* indipendente e decisa, l'altra per esempio di una femminilità più tradizionale, riservata e docile. La contrapposizione tra le due sorelle[173] è evidenziata dal narratore interno alla vicenda, Mr St. Vincent, punto di vista maschile sulla storia raccontata in prima persona. L'episodio che si accinge a riportare è avvenuto qualche tempo prima e solo ora, con il giusto distacco emotivo, è per lui possibile analizzarlo, con tecnica quasi psicoanalitica allo scopo di meglio comprenderlo.

Nel racconto di Caird sono presenti molti elementi che identificano la narrativa breve di fine Ottocento oggetto di questa indagine, sia da un punto di vista tematico che formale: in primo luogo la rappresentazione della *New Woman*, di cui Vanora incarna le caratteristiche più evidenti; la riflessione sui nuovi modelli femminili si intreccia, inoltre, alla *Marriage Question* e alla ricerca di nuovi modelli maschili quali compagni idonei a una *New Woman*. Relativamente alle scelte formali/strutturali, l'autrice sceglie di adottare un punto di vista maschile interno alla vicenda, narrata in prima persona, creando tra lettore e narratore un rapporto diretto, immediato e partecipe alla vicenda, preferendo – similmente, come si vedrà, a D'Arcy – una voce maschile per osservare e interpretare secondo il proprio punto di vista i fatti esposti e differenziandosi in questo dai racconti finora analizzati; il

---

[172] Prima pubblicazione in *A Romance of the Moors*, Heinemann and Balestier, London, 1892. Edizione di riferimento Angelique Richardson (ed.), *Women Who Did: Stories by Men and Women 1890-1914*, Penguin Books, London, 2005, pp. 211-30.

[173] La contrapposizione fra un modello di femminilità convenzionale e uno meno tradizionale, è una struttura ricorrente in molte *short stories* di fine secolo, ma anche nel romanzo dell'età vittoriana.

senso di frammentarietà, caratteristico della forma breve, è sottolineato già in apertura dall'utilizzo del termine "episode" per riferirsi agli eventi che si andranno di lì a poco a narrare che consistono, infatti, soltanto in un "episodio" della vita del protagonista, di cui molto è, ancora una volta, lasciato volutamente indefinito.

L'episodio narrato da Mr St. Vincent, riguarda l'incontro tra il protagonista e Vanora, una *New Woman* appunto, da cui resta immediatamente affascinato: invitato a trascorrere qualche giorno in compagnia di amici (i quali non perdono occasione per cercare di convincerlo a sposarsi), l'uomo viene colpito dall'ardita scelta di Vanora di dipingere le pareti del proprio salotto di un giallo acceso, tinta che egli giudica inadatta e che contrasta nettamente con i delicati colori pastello più sobri e tradizionali scelti comunemente dalle donne rispettabili. Vale la pena ricordare che il colore giallo, "radiant, bold, unapologetic, unabashed"[174], è simbolo degli anni Novanta, emblema dello spirito del tempo e associato a tutto ciò che, nell'arte, nella letteratura, nello stile di vita, era considerato scandalosamente moderno[175]. Simbolo delle preoccupazioni e delle ambiguità del periodo in cui è stato scritto, il racconto riflette "the author's awareness of living through a period of transition", come sottolineato da Forward[176]e, come già accennato, il riferimento al colore giallo a partire dal titolo "is charged with significance, in view

---

[174] Mona Caird, *The Yellow-Drawing Room*, cit., p. 22.

[175] Il giallo è, come già visto, lo stesso nel titolo e nel colore della copertina della rivista letteraria *The Yellow Book*, pubblicata a Londra dal 1894 al 1897, tra i simboli appunto di quegli stessi *Yellow Nineties*, a indicare il carattere spregiudicato dell'epoca (cfr. supra, p. 24).

[176] Stephanie Forward, *A study in yellow: Mona Caird's "A Yellow Drawing Room"*, Women's Writings, Vol. 7, No. 2, 2000, pp. 295-307, citazione p. 299.

of the colour's ramifications in the 1890s"[177]. Sempre in termini di colore, inoltre, Mr St. Vincent pensa a Clara e Vanora[178]: la donna ideale (rappresentata da Clara), è "a nice tone of grey-blue"[179], l'altra "in the human colour-spectrum, she took the place of the yellow ray"[180], due modelli ben distinti. E la protagonista del racconto, Vanora, è senza dubbio fuori dal comune: diretta, moderna ed eccentrica, rappresentante di una femminilità vitale e libera da schemi tradizionali, come invece appare, per contrasto, la silenziosa sorella Clara, perfettamente in linea con un modello femminile rassicurante e conformista.

Il riferimento al colore giallo con tutto ciò che esso implica ricorre più volte nel corso della narrazione e colloca immediatamente il racconto in un contesto ben preciso.

The Yellow Drawing Room, inoltre, è stato più volte accostato al racconto *The Yellow Wallpaper*[181], dell'americana Charlotte Perkins Gilman e non mancano, infatti, similitudini e spunti di riflessione in comune tra le due storie. Come evidenziato da Forward[182], è improbabile che le due autrici possano essere state direttamente influenzate in fase di scrittura l'una dal racconto dell'altra, ma è interessante indagare ciò che accomuna i due testi[183]. Anche nel racconto

---

[177] Ibidem.

[178] Stephanie Forward, *A study in yellow*, cit., p. 300.

[179] Mona Caird, *The Yellow Drawing Room*, cit., p. 22.

[180] Ibid., p. 23.

[181] Charlotte Perkins Gilman, *The Yellow Wallpaper*, New England Magazine, January 1892, pp. 647-656. Edizione di riferimento Angelique Richardson, (ed.), *Women Who Did*, cit., pp. 31-47.

[182] Stephanie Forward, *A study in yellow*, cit., p. 296-307.

[183] Gilman scrive il suo racconto nel 1890, Caird l'anno seguente, ed entrambi vengono pubblicati nel 1892, difficilmente, quindi, potevano essere a conoscenza dei reciproci testi.

di Gilman il colore giallo in tutte le sue implicazioni e rimandi è presente già a partire dal titolo, rivelando l'oggetto, l'argomento, intorno a cui ruota la storia. Quella carta da parati gialla su cui la protagonista si interroga senza sosta, in un racconto in prima persona, nervoso e frammentario, diventa infatti motivo di ossessione per la donna malata di depressione – forse depressione post partum – che sembra perdere sempre più il contatto con la realtà. Un testo crudo, racconto in prima persona per voce della donna protagonista della vicenda che, mediante i frammenti di diario scritti di nascosto dal marito, rivela al lettore la propria storia di ossessione e malattia, fino al tragico finale[184]. Ciò che appare particolarmente interessante poiché permette di leggere il racconto di Gilman parallelamente a quello di Caird è, tuttavia, la forte accusa nei confronti del matrimonio – così come tradizionalmente concepito – che traspare chiaramente dalla lettura di *The Yellow Wallpaper*: il ruolo di subordinazione e imprigionamento della donna – metaforico o reale –, la necessità di liberarsi da rigide costrizioni ormai superate e la ridefinizione dei ruoli all'interno del matrimonio, il rigido sistema di separazione delle sfere –

---

[184] L'ambiguità del finale è solo uno degli elementi su cui la critica negli anni si è interrogata a proposito del racconto di Gilman, considerato tra i primi esempi di letteratura femminista e presente in numerose antologie, ricco di spunti di riflessione e interessante da un punto di vista tematico quanto strutturale. Centrale, naturalmente, il dibattito intorno alla malattia mentale e a un approccio medico tendenzialmente androcentrico diffuso per tutto il corso dell'Ottocento, in base al quale le donne erano considerate creature fragili, di frequente soggette alle malattie nervose, nella maggior parte dei casi indicate come isteria. Le cure raccomandate, quindi, prevedevano il riposo assoluto, nella tranquillità della propria casa, private di ogni stimolo intellettuale e sforzo fisico, o in luoghi di cura specifici.

domestica per la donna, pubblica per l'uomo – e la necessità
di trovare modelli alternativi al solo ruolo di moglie/madre,
sono, quindi, gli spunti di discussione più interessanti al fine
di questa ricerca, alcuni dei quali riconducibili anche alla *short
story* di Caird.

Nel racconto di Caird, infatti, i due modelli femminili –
la *New Woman* Vanora e la più tradizionale Clara – e
l'intreccio che si crea tra i protagonisti della vicenda, sono il
pretesto per riflettere intorno ad alcune fra le tematiche
riscontrate anche nel racconto di Gilman. Nonostante
Vanora non corrisponda ai canoni di ideale femminile
ammirati dal protagonista, è lei, tuttavia, a catturare
contrariamente a ogni intenzione il suo interesse, relegando
Clara sullo sfondo della vicenda. Egli è urtato dai suoi modi
poco convenzionali, che critica duramente, eppure in breve
alla disapprovazione si accompagna un inaspettato desiderio,
che si fa quasi necessità, ossessione. Una compagna, una
moglie, ben più adatta sarebbe sicuramente Clara, che
rappresenta, si è detto, quell'ideale femminile da lui
approvato: una donna, infatti, non dovrebbe mai cercare di
distinguersi per gusti e modi eccentrici, ma conformarsi,
essere umile e riservata e aspirare unicamente a un adeguato
matrimonio, fondato come da tradizione sulla separazione
delle sfere:

> The true woman is retiring, unobtrusive, indistinguishable
> even until you come to know her well, and then she is very
> much like what every other true woman would be under the
> same conditions.[185]

---

[185] Mona Caird, *The Yellow Drawing Room*, cit., p. 22.

Clara, silenziosa, remissiva, è emblema di una femminilità sottomessa, priva di voce e potere, similmente a Jane, la cognata della protagonista del racconto di Gilman, che resta sullo sfondo e con il suo silenzio si fa ugualmente complice di quel sistema patriarcale oppressivo.

Vanora rappresenta, invece, tutto il contrario dell'ideale femminile delineato, con la sua vitalità (la parola chiave, per descriverla, che ritroviamo in molti ritratti femminili del tempo), i modi diretti che la differenziano dalle altre donne; come la tinta scelta per dipingere la sua stanza, Vanora è brillante, anticonformista, ed è proprio sottolineandone i colori che Mr. St. Vincent la descrive, poco dopo averla conosciuta:

> Vanora herself was simply radiant. She had a mass of glistening, golden hair, a colour full, varying, emotional, eyes like the sea (I lose my temper when people ask me to describe their colour). In figure she was robust, erect, pliant, firmly knit. [...] She was vital, not galvanic. That was the revealing word: vital.[186]

È una descrizione che, pur appassionata e positiva, evidenzia il contrasto con l'ideale di bellezza femminile tradizionalmente apprezzato, incarnato da Clara, la quale, tuttavia, è rappresentata solo in contrapposizione alla personalità stravagante – in senso negativo agli occhi del protagonista – di Vanora. E vitale, si è detto poc'anzi, è la parola chiave per descriverla, a sottolinearne lo spirito anticonformista. Essa rappresenta infatti una femminilità forte, per nulla remissiva, caratteristiche che Mr. St. Vincent non approva in una donna:

---

[186] Ibid., cit., p. 23.

She was supremely, overpowergly womanly. The womanhood of her sisters paled before the exuberant feminine quality which I could not nut acknowledge in Vanora. Everything was wrong and contradictory.

Tuttavia, l'uomo ne resta completamente affascinato, certo di riuscire a educarla e trasformare in una compagna ideale e convinto, inoltre, di poter risvegliare attraverso i sentimenti quell'istinto naturale di ogni donna al matrimonio, alla maternità, a più docili atteggiamenti. Come si è visto, Caird si è spesso interrogata su *gender identity* e costrutti sociali nello sviluppo della propria identità, rifiutando di credere – come invece era pensiero comune – che esistano per l'individuo naturali inclinazioni e opponendosi, di conseguenza, alla teoria della separazione delle sfere: il personaggio di Mr. St. Vincent, perciò, è rappresentazione di modelli di pensiero comuni nella società vittoriana, a cui si contrappongono pensatori liberi come Caird e la sua Vanora. Anche il racconto di Gilman sembra condividere le teorie di Caird e la costrizione – reale – della protagonista in quella casa, in quella stanza, alienata dal mondo e da ogni attività e stimolo nel tentativo di guarirla, diviene infine insopportabile e a essa si ribella nell'ultima, teatrale scena; Gilman rappresenta infatti il dramma di una società in cui la donna è ancora considerata vittima dei propri umori e la netta separazione delle sfere è, nella società patriarcale, forma di controllo e protezione. La protagonista di *The Yellow Wallpaper*, inoltre, viene privata anche della possibilità di dare uno sfogo alle proprie sofferenze per mezzo della scrittura:

[...] as women were innately different from men in terms of their biological and mental make-up, their primary female function – to be wives and mothers – should take priority over everything else. The woman's role was motherhood; if she ventured beyond this, mental disturbance might occur and may even be passed on to the next female generation. Doctors and scientists conspired to explain that ambitious seekers of self-development were sick and freakish.[187]

Un sistema che mira a difendersi, quindi, dai principali timori dell'epoca: il pericolo della degenerazione, la rivoluzione di codici morali e sociali, il desiderio di emancipazione femminile e l'abbandono del sistema di separazione delle sfere che regolano i rapporti sociali e domestici.

Tornando alla *short story* di Caird, nonostante Vanora si discosti dall'ideale femminile apprezzato da Mr. St. Vincent, egli ne rimane, si è detto, completamente affascinato, spingendosi perfino a chiederle di sposarlo. Proposta che lei rifiuta, preferendo alla prigione del matrimonio la propria indipendenza, perché nel matrimonio così concepito dalla società, dagli uomini *old-fashioned* come lui, Vanora vede soltanto una prigione di doveri e sottomissione, una tomba perfino, nonostante ammetta di provare lei stessa sentimenti contrastanti nei suoi confronti:

"When you describe your doctrines I seem to see the doors of a dark prison opening out of the sunshine; and, strange to say, I feel no divine, unerring instinct prompting me to walk in."
"I offer you no prison but a home", I cried excitedly.
"You would turn all homes into prisons", she returns.

È quella casa-prigione della protagonista di *The Yellow Wallpaper*: la casa, tradizionalmente il luogo ideale per la

---

[187] Stephanie Forward, *A study in yellow*, cit., p. 299.

donna, diviene infatti una prigione da cui sembra impossibile fuggire se non con un gesto estremo; il matrimonio è, quindi, una forma di schiavitù, di imprigionamento, che Vanora rifiuta per non perdere la propria libertà e individualità. Nella rinuncia di Vanora, che nonostante tutto ammette di provare lei stessa dei sentimenti nei confronti di Mr. St. Vincent, è tuttavia possibile leggere lo specchio delle paure del suo pretendente: entrambi, infatti, sono attratti dalle differenze dell'altro e da queste stesse intimoriti, consapevoli di appartenere a due sistemi di valori troppo distanti per venire a patti. In *The Yellow Wallpaper*, invece, la condizione disperata della narratrice, è accentuata – oltre dalla narrazione in prima persona, al tempo presente – dal fatto che proprio la casa, che nell'immaginario collettivo rappresenta un luogo di serenità e realizzazione per la donna, assume in questo racconto – così come, si è visto, nelle parole di Vanora – contorni oscuri, dai toni quasi gotici. Nella narrativa breve di fine Ottocento, si è più volte sottolineato, il matrimonio e la condizione di subordinazione delle donne sono spesso rappresentati, infatti, come forma di imprigionamento, reale o metaforico.

Vanora, quindi, nonostante i sentimenti che prova per Mr. St. Vincent, non è disposta a rinunciare alla propria indipendenza e, rifiutando la proposta, rifiuta il sistema matrimoniale così come concepito. Le differenze tra i due, infatti, sono troppo marcate per sperare nella riuscita di un'unione soddisfacente e scegliendo di seguire la ragione, si salvano da quello che probabilmente sarebbe un altro matrimonio infelice. Ora, messa la giusta distanza dall'episodio, l'uomo può ripensarci e, nonostante l'attrazione provata non sia del tutto dimenticata, risulta evidente la consapevolezza di quanto il matrimonio sarebbe stato difficile: una *New Woman*, indipendente ed emancipata, ha bisogno come compagno di un *New Man* dalla mentalità aperta e moderna. Una nuova tipologia maschile, *New Men* capaci di comprendere e sostenere queste donne emancipate, forti: come evidenziato da Forward, "St. Vincent perceives that he needs to become a New Man if he is to win Vanora, but finds it impossible to transform himself"[188] ed è appunto questa tensione tra vecchi codici comportamentali e apertura al nuovo a definire l'incertezza della *fin de siècle*. Mr. St. Vincent, diviso tra vecchi valori e apertura alla modernità, rappresenta i dubbi e le incertezze di questo periodo di transizione:

> I am a sort of abortive creature, striding between two centuries. The spirit of a coming age has brushed me with his wing, but I resent and resist that which brings havoc into the citadel of my dearest beliefs; and I angrily pluck off the tiny feather which he dropped from those great ploughing pinion of his, that shadow, the firmament of the Future.[189]

Vanora, che a differenza di Clara ha una voce, scegliendo di "disobbedire" al volere degli uomini che la circondano (lo zio che la ospita, il corteggiatore) si ribella, quindi, alla società patriarcale tutta, rifiutando di essere remissiva, sottomessa, umile, come ci si aspetta da una donna. Caird rappresenta qui due visioni contrastanti, due sistemi di valori, che non riescono a trovare un punto di accordo: l'uomo è il vecchio ordine, il tradizionale sistema patriarcale dove i ruoli sono perfettamente codificati dal genere; Vanora è il nuovo, il futuro, che rifiutando la prigione dorata del matrimonio rinnega quel sistema tutto. Il

---

[188] Stephanie Forward, *A study in yellow*, cit., p. 302.
[189] Mona Caird, *The Yellow Drawing Room*, cit., p. 30.

contrasto tra i due, quindi, è rappresentazione del clima di incertezza, cambiamento, confusione perfino, tipico della *fin de siècle*.

Concludendo, il racconto in questione dimostra perciò un interesse condiviso da Caird con le altre autrici oggetto della presente indagine, il mezzo scelto dalla scrittrice per indagare contraddizioni e problematiche delle relazioni tra i sessi nella società a lei contemporanea, tra passato e apertura al nuovo.

VI.

Ella D'Arcy

Selezionando alcune tra le scrittrici inglesi di fine secolo che, con il loro impegno intellettuale e letterario, hanno svolto un ruolo centrale nel dibattito culturale del tempo e apportato, ognuna con le proprie peculiarità, un contributo allo sviluppo della *short story* moderna, è parso doveroso includere in questa indagine Ella D'Arcy: non soltanto è stata infatti autrice di numerosi racconti che per stile e tematiche hanno catturato lo spirito degli anni Novanta, ma la sua controversa partecipazione a *The Yellow Book* – in veste di *contributor* regolare e *co-editor* – ha permesso di riflettere intorno al ruolo delle donne nel panorama editoriale dell'epoca, all'interno di una delle riviste più caratteristiche del periodo in esame.

Relativamente alla produzione letteraria, dopo un lungo periodo di oblio dovuto in parte anche alla difficoltà di reperimento dei materiali bibliografici a stampa, negli ultimi anni il rinnovato interesse da parte della critica verso la *New Woman fiction* femminile e la forma breve, sembra aver avuto effetti – almeno in parte – anche sul recupero di D'Arcy: grazie alla digitalizzazione della rivista pubblicata da Lane è oggi possibile, infatti, accedere a tutti i racconti pubblicati dalla scrittrice su *The Yellow Book,* mentre resta difficile reperire i testi a stampa delle raccolte di racconti e le altre opere a sua firma, così come ancora scarsi sono i riferimenti biografici. Negli ultimi decenni, quindi, parte della critica accademica ha proseguito le ricerche inaugurate a partire dagli anni Settanta con la seconda ondata del femminismo novecentesco volte al recupero della tradizione letteraria femminile a cavallo tra Otto e Novecento, quella "generazione minore"[190] schiacciata tra i grandi romanzieri della stagione vittoriana e la nascita del Modernismo, di cui si accennava in apertura a questa indagine. Nonostante gli studi su D'Arcy appaiano a oggi ancora meno frequenti e approfonditi rispetto, per esempio, a Egerton e altre scrittrici del periodo, i suoi racconti sono presenti nelle principali antologie dedicate alla *short story* tra Otto e Novecento[191], l'attenzione intorno al suo ruolo nella redazione di *The Yellow Book* e riflessioni critiche sulla sua opera oggetto di considerazioni critiche nell'ambito di riflessioni più ampie.

Cenni biografici: tra scrittura e lavoro editoriale

Piuttosto esigue sono, come si accennava poc'anzi, le notizie biografiche reperibili su Constance Eleanor Mary Byrne D'Arcy (nota con il nome Ella D'Arcy): nata a Londra,

---

[190] Luisa Villa, "La forma del nuovo. Donne, decadenza, modernità e la short story inglese di fine secolo", in M.R. Cifarelli, L. Villa (a c. di), *Donne e modernità*, cit., p. 107.

[191] Racconti di D'Arcy sono presenti, per esempio, nell'antologia curata da Angelique Richardson, *Women Who Did*, cit., pp. 140-167; in Glennis Stephenson (a cura di), *Nineteenth-Century Stories by Women: An Anthology*, Broadview Press, Ontario, 1993, pp. 131-164; in Harriet Devine Jump (a cura di), *Nineteenth-Century Short Stories by Women: A Routledge Anthology*, Routledge, London and New York, 1998, pp. 283-306.

presumibilmente tra il 1856 e il 1857, da una famiglia aristocratica di origini irlandesi, ha trascorso diversi anni nelle Channel Islands, luoghi che saranno poi l'ambientazione privilegiata di molte delle sue *short stories*, caratterizzate, quindi, dal particolare scenario regionale; istruita tra Londra, Germania e Francia, coltiva il sogno di diventare pittrice, ma un serio problema alla vista la costringe a rinunciare scegliendo, quindi, di dedicarsi alla scrittura. Come evidenziato da Fisher[192], D'Arcy è stata più volte ricordata principalmente come autrice di romanzi, pur avendone scritto uno soltanto, mentre è alla *short story* che si è più assiduamente dedicata, pubblicando su diverse riviste letterarie attive negli ultimi decenni dell'Ottocento. Trasferitasi a Londra e messe da parte le ambizioni pittoriche, infatti, si dedica pienamente alla scrittura: il manoscritto del racconto *Irremediable* attira l'attenzione di Henry Harland, che la invita a contribuire alla nascente rivista *The Yellow Book*, a cui D'Arcy collaborerà fino all'aprile del 1896 pubblicando storie in dieci numeri su tredici uscite complessive della rivista e affiancando alla scrittura anche il lavoro – seppur non ufficiale – di *co-editor*.

Sono questi per D'Arcy anni di lavoro stimolante, scrittura, notorietà, riflessione intorno alle tematiche più dibattute del periodo, tra cui la *Woman Question*, confronto con le *New Women writers* che gravitano intorno alla rivista di Lane, ma anche di rapporti personali ambigui e frustrazioni, pettegolezzi (per i rapporti personali con Lane ed Harland) e uno spiccato desiderio di indipendenza. Affiancando Lane, Harland e – grazie alla formazione artistica dei primi studi –

---

[192] Benjamin Franklin Fisher IV, *Ella D'Arcy: A Commentary with a Primary and Annotated Secondary Bibliography*, English Literature in Transition 1880-1920, Vol. 35, No. 2, 1992, pp. 179-211, cit. p. 179-180.

Beardsley nel lavoro editoriale e artistico, D'Arcy ricopre infatti il ruolo, seppur non ufficiale, di editor: "proof-corrected, paginated, arranged the pictures, indexed, interviewed everybody" come sottolineato da lei stessa in una lettera a Lane[193], sentendosi libera di criticare le loro decisioni, mettere in discussione la scelta di allontanare Beardsley dopo lo scandalo in cui era stato coinvolto Wilde, fino a sovvertire le decisioni dell'editore e perdere il lavoro, nell'aprile del 1896. Ciò che risulta particolarmente interessante ai fini di questa ricerca – oltre naturalmente al contributo della scrittrice allo sviluppo della *short story* di *fin de siècle* – è, quindi, il ruolo svolto da D'Arcy in qualità di *co-editor*, battendosi contro la misoginia di cui la rivista di Lane è stata più volte accusata: se infatti *The Yellow Book* sembra promuovere il lavoro delle scrittrici, dando ampio spazio sulla rivista a racconti di autrici note e meno note, dietro le porte della redazione si cela un ambiente fortemente maschile[194].

La posizione di D'Arcy all'interno della redazione è, quindi, piuttosto ambigua, causa di frustrazione per i mancati riconoscimenti ufficiali e i frequenti scontri con un ambiente avvertito da lei stessa come fortemente misogino. D'Arcy è,

---

[193] Ella D'Arcy, *Some Letters to John Lane*, citazione tratta da Anne M. Windholz, *The Woman Who Would be Editor: Ella D'Arcy and the Yellow Book*, Victorian Periodicals Review, Vol. 29, No. 2, Summer 1996, pp. 116-130.

[194] "[...] although the Yellow Book generously promoted the work of women writers and artists, its editorial office was a place where a woman's status depended on male validation, where sexual politics sometimes influenced editorial decisions, and where female self-assertion was, at least in D'Arcy's case, neither appreciated nor tolerated", Anne M. Windholz, *The Woman Who Would be Editor*, cit., p. 116

per sua definizione, una sorta di "Guardian Angel"[195], titolo emblematico non soltanto del ruolo non ufficiale da lei svolto – come *co-editor* e mediatore fra Lane e Garland – ma anche dalle precise connotazioni di genere nella società tardo vittoriana. Alla ricerca di uno status ufficiale all'interno della rivista, in qualità di *editor* e *contributor* regolare, D'Arcy si scontra infatti con le limitazioni imposte alle donne, in un ambiente in cui anche le relazioni professionali sono governate dal genere sessuale[196]. In un panorama editoriale in cui la presenza di donne scrittrici sembra farsi sempre più importante, pare dilagare infatti una tendenza misogina tra gli scrittori, al punto da spingere James – tra gli altri – a lamentarsi di questa "feminisation of literary culture"[197] nel racconto *The Death of a Lion*, pubblicato appunto sul numero d'esordio di una rivista d'avanguardia come *The Yellow Book*.

La collaborazione di D'Arcy alla rivista, come scrittrice ed editor non ufficiale quindi, prosegue, si è detto, fino all'aprile del 1896 quando i rapporti sempre più difficili culminano nella decisione della scrittrice di partire per Parigi – con l'intenzione di proseguire il proprio lavoro a distanza – senza il consenso di Lane e la conseguente interruzione della loro collaborazione professionale.

Conclusa l'esperienza presso *The Yellow Book*, D'Arcy continuerà a dedicarsi ai viaggi e alla scrittura ma, nonostante le recensioni generalmente positive con cui i suoi racconti erano stati accolti negli anni precedenti da pubblico e critica su entrambe le sponde dell'Atlantico, l'allontanamento dalla rivista chiude il periodo più prolifico dell'autrice anglo-

---

[195] Ibidem.
[196] Ibid., pp. 118-119.
[197] Sally Ledger, *Wild Woman and The Yellow Book*, cit., p. 9.

irlandese, fase a cui lei stessa guarderà sempre con nostalgia, momento culmine della propria carriera letteraria.

La sua produzione letteraria – oggi, come si accennava, quasi del tutto ignorata fuori dall'ambito accademico – dal punto di vista quantitativo, appare, infine, piuttosto limitata: in parte per la lentezza del processo creativo ma anche per la sua sensibilità alle critiche e una spiccata tendenza al perfezionismo che ne rallentano inesorabilmente il lavoro. La maggior parte delle sue *short stories* sono pubblicate, come si è detto, sulle pagine di *The Yellow Book* e in seguito inserite in due raccolte principali: *Monochromes*[198] del 1895 e *Modern Instances*[199] del 1898; altri racconti sono stati pubblicati – alcuni sotto lo pseudonimo di Gilbert H. Page – su altre riviste letterarie del tempo come *Blackwood's, Good Words, Temple Bar, Argosy*. È, quindi, sulla forma breve che D'Arcy ha maggiormente concentrato la propria attenzione, dedicandosi tuttavia anche alla scrittura di un romanzo breve, *The Bishop's Dilemma* (1898), alla traduzione dal francese di una biografia su Shelley e romanzi rimasti incompiuti.

Da sempre amante dei viaggi, D'Arcy vive soprattutto da sola, in condizioni di relativa povertà ma indipendente, finendo i suoi giorni nel 1937 in un ospedale di Londra, dove aveva fatto ritorno dopo gli ultimi anni trascorsi a Parigi.

Influenze e considerazioni critiche

È apparso evidente, nell'ambito di questa ricerca, il contributo della D'Arcy al dibattito di fine Ottocento sulla questione femminile e lo sviluppo della forma breve degli

---

[198] Ella D'Arcy, *Monochromes*, John Lane, London, 1895.
[199] Ella D'Arcy, *Modern Instances*, John Lane, London, 1898.

anni Novanta, a partire dall'inedito ruolo di co-editor da lei ricoperto per *The Yellow Book*, a una produzione letteraria attenta a tematiche e forme caratteristiche della *fin de siècle*. Privilegiando nelle storie un punto di vista maschile (a differenza delle altre autrici considerate), D'Arcy osserva con occhio critico la società contemporanea, indagando le complesse relazioni tra i sessi, le problematiche all'interno del matrimonio, l'alienazione della vita moderna, i pericoli derivanti dalla mancanza di un'adeguata educazione e di un'istruzione scarsa, miserie e infelicità che possono riguardare non solo le donne oppresse dal sistema patriarcale ma anche gli uomini che spesso diventano vittime di mogli ignoranti e infelici.

I racconti di D'Arcy si caratterizzano, quindi, per il feroce realismo con cui l'autrice indaga complessità e inquietudini della società contemporanea: le relazioni tra uomini e donne e la questione matrimoniale, il nuovo modello femminile rappresentato dalla *New Woman*, sessualità e desiderio, i pericoli derivanti dall'applicazione del doppio standard di giudizio per uomini e donne, la riflessione sull'educazione femminile. Mediante una prosa ricca, dalla resa quasi pittorica, D'Arcy riflette su tali argomenti inserendosi a pieno diritto tra le voci più interessanti della *fin de siècle* nell'ambito della *short story* a cui contribuisce, come visto per le altre autrici oggetto di questa indagine, discostandosi in parte per modelli e influenze e, come per le altre scrittrici citate, attirando anche critiche e fraintendimenti:

> [...] its recurrent portraiture of bleak, loveless marriages, and its relentless sexual thematics were too strong stuff for many British readers. The general conception is that D'Arcy turned out stories of umitigated grim realism, most notably as it

centered in situations that reviewers interpreted as anti-marriage.[200]

D'Arcy riflette infatti su problematiche, ambiguità, solitudini e incomprensioni all'interno delle relazioni e del matrimonio, che tuttavia non sembra condannare come istituzione, bensì gli squilibri interni, a partire dal doppio standard di giudizio per uomini e donne.

Da un punto di vista prettamente formale, anche questi racconti richiamano molte delle caratteristiche individuate come peculiari del genere, a partire dalla *brevitas* teorizzata da Poe, un certo grado di indefinitezza del *background*, la rinuncia a – quasi – tutto ciò che appare superfluo ai fini della storia, la scelta di titoli efficaci il cui significato ancora una volta appare più chiaro terminata la lettura, chiusure ambigue che spesso rifiutano il tradizionale *happy ending* di stampo vittoriano. Soprattutto, elemento centrale nelle *short stories* di D'Arcy così come nelle altre in questa sede analizzate, è l'interesse per l'indagine psicologica che, in alcuni casi, prevale sulla trama stessa, come teorizzato da James relativamente alla narrativa breve di Turgenev:

> [...] the germ of a story was never an affair of plot, that was the last thing he thought of: it was the representation of certain persons... The thing consists of the motions of a group of selected creatures, which are not the result of a preconceived action, but a consequence of the qualities of the actions.[201]

---

[200] Benjamin Franklin Fisher IV, *Ella D'Arcy: A Commentary with a Primary and Annotated Secondary Bibliography*, cit., p. 182.
[201] Citazione tratta da Adrian Hunter (ed), *The Cambridge Introduction to the Short Story in English*, Cambridge University Press, Cambridge, 2007, p. 33.

Frammenti in cui la trama è appunto il pretesto per la riflessione psicologica, dei personaggi femminili e maschili – in modo differente, si vedrà, rispetto agli altri racconti del periodo –, un realismo psicologico che non si sottrae alla rappresentazione di ambiguità, problematiche, contraddizioni della *fin de siècle*.

Interessante, inoltre, è lo stile che caratterizza i racconti di D'Arcy:

> Her prose is richly textured, and her rhetoric appeals simultaneously to the ears and eyes. Her visual appeal must have stemmed naturally from her own intimacy with the painter's methods.[202]

La sua tecnica narrativa rielabora, infatti, metodi artistici appresi grazie agli studi giovanili, uno sguardo peculiare su ambienti e luoghi che appare evidente in ogni storia, dipinta con vivido realismo, e che concorre a caricarle di tensione, ambiguità, di atmosfere suggestive in cui parole e immagini si fondono:

> [...] her captivating *short stories* draw us into atmospheres of fascinating word-pictures. Given her own early training as an art student at the Slade School, this talent was inherent in D'Arcy and one which imparted depth to the texture of her writings.[203]

---

[202] Benjamin Franklin Fisher IV, *Ella D'Arcy: A Commentary with a Primary and Annotated Secondary Bibliography*, cit., p. 186.

[203] Benjamin Franklin Fisher IV, *Ella D'Arcy Reminisces*, English Literature in Transition 1880-1920, Vol. 37, No. 1, 1992, pp. 28-32, citazione p. 30.

Il gusto per modelli di bellezza che rimandano all'estetica preraffaellita e l'influenza della formazione artistica giovanile appare evidente, per esempio, anche dal titolo scelto da D'Arcy per la prima raccolta, *Monochromes*, in contrasto con le numerose sfumature e colori che sono invece contenute nei racconti al suo interno.

Relativamente alle influenze che si avvertono nei racconti di D'Arcy, è anche questa volta Fisher[204] a sottolineare il debito della scrittrice nei confronti di autori quali Poe, Maupassant, Balzac e il Naturalismo francese, Emily Brontë, George Meredith, Thomas Hardy e, come si vedrà più approfonditamente, Henry James; inoltre, anche grazie al suo ruolo nella redazione di *The Yellow Book* e l'interesse per le tematiche ampiamente discusse alla fine del secolo, il contatto di D'Arcy con le opere delle scrittrici contemporanee che gravitano intorno alla rivista ne hanno senza dubbio arricchito la produzione letteraria, che ha poi sviluppato in maniera personale. Pur non mancando, infatti, di punti in comune con le altre autrici in questa sede considerate, l'opera di D'Arcy si caratterizza per la rappresentazione di personaggi femminili che si discostano dal modello della *New Woman,* come evidenziato ancora da Fisher[205]: spesso donne dalla cultura limitata, che contrastano con la *New Woman* dinamica, istruita e indipendente protagonista di altri racconti del periodo, simbolo di una femminilità più libera. Molto spesso le protagoniste di D'Arcy sono invece creature fragili, poco istruite e scarsamente interessate allo sviluppo del proprio potenziale intellettuale, più propense invece ad assicurarsi una posizione

---

[204] Benjamin Franklin Fisher IV, *Ella D'Arcy: A Commentary with a Primary and Annotated Secondary Bibliography*, cit., p. 187.
[205] Ibid., p. 184.

sicura mediante il matrimonio, qualche volta ingannando gli ingenui e sventurati pretendenti che, solo quando ormai è troppo tardi, si rendono conto del terribile sbaglio commesso.

Frequente, soprattutto, la contrapposizione tra donne reali e modelli ideali: una femminilità idealizzata secondo i tradizionali standard vittoriani, mitizzata e irraggiungibile, che spesso resta soltanto una fantasia:

> Real women, D'Arcy suggests, have flaws, needs, and desires which are not acknowledged in the scope of male fantasies or idealised images. Unfortunately, women are constantly judged according their ability to live up or to project the ideal image which men desire. The image necessarily restricts women's actions and choices by making the women themselves subordinate to an imposed ideal.[206]

Come evidenziato da Maier infatti, di frequente nelle storie di D'Arcy l'ideale femminile desiderato dagli uomini della vicenda si scontra con la realtà di una femminilità molto più complessa, ambigua, non all'altezza di tali aspettative; modelli che vengono, quindi, demistificati mediante personaggi femminili non convenzionali che, tuttavia, quasi sempre soccombono nel tentativo di sottrarsi ai rigidi codici morali imposti dalla società patriarcale, come si vedrà, per esempio, nel racconto *The Pleasure Pilgrim*.

Mediante scelte formali peculiari che la differenziano dalle altre autrici oggetto di questa indagine, dalla contaminazione di altre forme artistiche alla scelta del punto di vista maschile, l'attività editoriale ad affiancare quella di

---

[206] Sarah E. Maier, *Subverting the ideal: the New Woman and the battle of the sexes in the short fiction of Ella D'Arcy*, Victorian Review, Vol. 20, No. 1, Summer 1994, pp. 35-48, citazione p. 36.

scrittrice, D'Arcy si colloca, quindi, per l'apporto allo sviluppo della forma breve e la riflessione intorno alla *Woman Question*.

New Woman, American Edition: *The Pleasure Pilgrim*

L'indipendenza femminile non sempre coincide con la felicità e in alcuni casi, come si è visto per esempio in alcuni racconti di Egerton, assecondare la passione può condurre alla rovina, mentre la società patriarcale risulta spesso inadeguata a comprendere questo nuovo modello femminile, portando talvolta a tragiche conseguenze. È il caso del racconto di D'Arcy *The Pleasure-Pilgrim*[207] nel quale la protagonista, Lulie Thayer, è una tipologia di *New Woman* ancora differente dalle altre finora considerate, un'*American edition*, che si scontra con un ambiente sociale incapace di comprenderne il desiderio di libertà, una *femme fatale* secondo il gusto decadente, bella e pericolosamente seducente, che flirta apertamente con gli uomini. Una storia dagli evidenti echi jamesiani nella ripresa di alcune tematiche e spunti, nella prosa ricca, nell'interesse per la costruzione psicologica dei personaggi, che rimanda, per esempio, alle novelle *Daisy Miller*[208] e *A Passionate Pilgrim*[209] il cui titolo viene da D'Arcy

---

[207] Ella D'Arcy, *Monochromes*, John Lane, London, 1895. Edizione di riferimento Angelique Richardson, (ed.), *Women Who Did*, cit., pp. 140-167.

[208] Henry James, *Daisy Miller: A Study*, prima pubblicazione su Cornhill Magazine, giugno-luglio 1878. Edizione di riferimento: Henry James, *Daisy Miller*, Penguin Classic, London, 2007.

[209] Henry James, *A Passionate Pilgrim*, prima pubblicazione su The Atlantic Monthly, marzo-aprile 1871. Edizione di riferimento: Henry James, *A Passionate Pilgrim and other tales*, J.R. Osgood and company,

ripreso e caricato di nuovi significati, connotando la storia di echi sensuali[210].

In *Daisy Miller*, rielaborazione – come è noto – di un aneddoto che era stato riferito allo scrittore da un'amica, compaiono molti dei temi chiave della narrativa di James tra cui, per esempio, il *topos* dell'americano all'estero (e il confronto/scontro con culture differenti), la riflessione su formalismi e convenzioni della società europea spesso in contrasto con i modi americani e, in generale, il tema della "ragazza americana" introdotto per la prima volta qui da James nella figura della protagonista, Daisy. Ambientato tra Vevey (località turistica in Svizzera) e Roma, il racconto rappresenta il tentativo di Frederick Winterbourne di inquadrare la giovane americana Daisy Miller, civettuola, dai modi diretti e spregiudicati, impegnata a viaggiare per l'Europa insieme alla madre – donna debole, incapace di imporsi sui propri figli – e al fratellino. Affascinato dalla ragazza, Winterbourne ne sembra in un primo momento invaghito ma i suoi modi diretti e la noncuranza per codici e convenzioni diventano per lui sempre più difficili da tollerare. Quando a Roma viene a conoscenza dell'intima

---

Boston, 1875, consultato online: https://archive.org/details/passionatepilgri00jameiala.

[210] Il sentimento appassionato della storia di James, infatti, sembra rivolto soprattutto verso la bellezza idealizzata dei luoghi che il protagonista osserva nel suo "appassionato pellegrinaggio" attraverso la campagna inglese, caricati di una bellezza struggente di fronte alla sconfitta del protagonista, ai sogni infranti, ai desideri inappagati. È il tributo di James a quei luoghi amatissimi, che osserva evocando la bellezza della natura, il fascino per le tradizioni, il desiderio di appartenenza del protagonista, l'americano che sente di far parte di quel mondo di cui condivide ideali e sentire, ma da cui è – inevitabilmente – escluso.

amicizia di Daisy con un "gentiluomo" del posto, un certo signor Giovanelli, e dei pettegolezzi sempre più frequenti che girano su di lei nei salotti della buona società, anche il giudizio di Winterbourne si fa via via più duro, nonostante i tentativi di mettere in guardia la giovane dai pericoli che corre con il suo comportamento spregiudicato. Ma Daisy è una *lost soul* e in questa storia non può esservi per James che un tragico epilogo: l'imprudenza della giovane che si aggira a tarda sera per le strade di Roma in compagnia dell'ultimo spasimante, le costa una febbre improvvisa e fatale, una punizione, quasi, da parte di quella società di cui lei ha osato sfidare le norme di comportamento. Non c'è redenzione né perdono per Daisy, che finisce i suoi giorni in una città bellissima e decadente e che, possiamo intuire, sarà presto dimenticata anche da Winterbourne, di lì a poco pronto a riprendere i suoi viaggi, tra piaceri e flirt: è la vittoria del doppio standard di giudizio per uomini e donne, che condanna queste ultime per quelle stesse cose concesse invece al sesso maschile.

La vicenda narrata da D'Arcy, invece, si svolge interamente in Germania, in un antico castello convertito in pensione dove il narratore, scrittore ed esteta, fa la conoscenza della giovane viaggiatrice americana, giunta in quel luogo insieme alla cara amica Nannie Dodge, esempio ancora differente di *New Woman*. Se in un primo momento bellezza e fascino suscitano l'interesse di Mr. Campbell nei confronti della giovane, indipendente Lulie, in breve l'opinione dell'uomo è – come nel racconto di James – destinata a mutare. Messo in guardia dall'amico Mayne, l'uomo viene infatti a conoscenza della sconveniente reputazione di Lulie di cui tutti al castello sono consapevoli e, nonostante i modi affascinanti della giovane, il peso di una condotta giudicata tanto immorale corrompe in fretta ogni possibile sentimento nascente. All'interesse si sostituiscono, quindi, il disprezzo e la condanna nei confronti di una donna tanto distante dall'ideale femminile ricercato da Campbell: ideale che, ancora una volta, coincide con valori tradizionali di riserbo, innocenza, timidezza[211], in contrasto con quanto rappresentato invece da Lulie.

Sono numerose, quindi, le similitudini tra la short story di D'Arcy e la novella di James che la scrittrice inglese senza dubbio ha ben in mente e rielabora secondo codici narrativi caratteristici della *fin de siècle*, a partire da *setting* simili, la Germania della storia di D'Arcy, la Svizzera e Roma in quella di James, entrambi i luoghi caricati di echi romantici: castelli e località di villeggiatura tra Germania e Svizzera richiamano immediatamente la stagione romantica, le opere e le vicende biografiche di Mary Shelley, Lord Byron, Keats, mentre l'ambientazione romana nella seconda parte della novella di James, il luogo dove si consuma il dramma, che raggiunge il suo climax nell'emblematica cornice del Colosseo, è simbolo di decadenza, bellezza e vizio, tra squarci di luce e rovine che sembrano sottolineare l'ineluttabile destino di Daisy. In entrambe le storie, inoltre, le due giovani donne sono simbolo di una femminilità spregiudicata e libera, tipologia di *New Woman* ancora differente rispetto a quella inglese, una versione americana che si scontra con la rigida morale vittoriana, in una società di cui sembra incapace di comprendere – o accettare – codici e valori. Soprattutto, entrambi i racconti mostrano i tentativi – vani – di comprendere fino in fondo la protagonista, la sua personalità complessa, l'ambiguità dei sentimenti: creatura innocente e sincera o abile manipolatrice? La verità non conta, il destino

---

[211] Come visto, per esempio, in *The Yellow Drawing Room* di Mona Caird, *The Yellow Leaf* di Grand, *A Virgin Soil* di Egerton e altri.

di Daisy e Lulie è già segnato dall'aspro giudizio della società e degli uomini di cui – forse – sono innamorate.

Nella *short story* di D'Arcy, infatti, la protagonista pare provare un sentimento sincero e appassionato per Campbell che non esita a rivelargli apertamente, nonostante l'uomo la tratti con sempre più evidente disprezzo. Ciò che la storia sembra insinuare, infatti, non è soltanto la condanna del desiderio sessuale femminile e della libertà nel vivere relazioni fuori dal matrimonio, ma l'incapacità di Campbell di credere alla sincerità del sentimento di Lulie, costretta per sempre nel ruolo della seduttrice che con i suoi modi affascinanti inganna gli uomini per puro divertimento, sintomo di quel doppio standard di giudizio applicato dalla società vittoriana al comportamento degli uomini e delle donne, lo stesso con cui viene giudicata la Daisy di James. Ma, soprattutto, D'Arcy mette in scena la debolezza dell'uomo che non riesce a ribellarsi alle convenzioni:

> But while Lulie's uniqueness is what initially attracts Campbell to her, eventually, he succumbs to convention and rejects Lulie because she does not project the angelic ideal in other ways, a rejection which causes her to kill herself. He recognizes his desire for her but feels he cannot overcome the social stigma of her unacceptable past.[212]

La fascinazione per ciò che di esotico e stravagante c'è in Lulie, si scontra con una femminilità mitizzata e con le convenzioni a cui Campbell non è in grado di sottrarsi, fino a un epilogo – come si vedrà – anche in questo caso inevitabilmente tragico. Centrale, nella storia di James quanto in quella di D'Arcy, l'interesse, si è detto, per la costruzione

---

[212] Sarah E. Maier, *Subverting the Ideal*, cit., p. 40.

psicologica dei personaggi; un realismo psicologico che tenta di mettere in luce tutte le ambiguità, le ambivalenze e le complessità non tanto della *New Woman* – Daisy o Lulie – quanto dell'uomo che ne osserva la condotta e via via muta il proprio giudizio. Winterbourne e Campbell, protagonisti maschili delle due storie, sono l'oggetto privilegiato di un attento studio psicologico che, a differenze delle altre *short stories* qui considerate, predilige concentrarsi sulla psicologia dei personaggi maschili di fronte al turbamento causato dall'incontro con una *New Woman*.

Interessante poi è il ruolo che nella vicenda hanno i personaggi secondari, Mayne e Miss Dodge: quest'ultima rappresenta una femminilità più riservata, una New Woman, a sua volta, spesso sarcastica e diretta ma dalla condotta apparentemente più tranquilla rispetto all'amica; Mayne come un moderno Iago sussurra – non per gelosia forse, ma il risultato sarà tristemente simile – maldicenze su Lulie all'orecchio dell'amico. Non inventa nulla, non esagera il comportamento della giovane, né induce Campbell – e il lettore con lui – a trovare delle attenuanti nelle scelte sentimentali fatte dalla donna; tuttavia, insinua il dubbio circa la sincerità dell'amore da lei professato rovinando irrimediabilmente ogni possibilità di felicità tra i due e progressivamente allineando al proprio il punto di vista del narratore. Agli occhi dei due uomini che cercano di inquadrarla, la "colpa" di Lulie, infatti, non risiede soltanto nell'essere una *New Woman* indipendente, ma quella sua predisposizione a una vita da "esteta", mossa dalla continua ricerca del piacere: una "pellegrina del piacere", appunto, come argutamente suggerito dal titolo del racconto, che gira l'Europa inseguendo le proprie passioni, tra lezioni di danza, tiro con la pistola, sport e bicicletta, libera e disinvolta nel viaggio come nelle relazioni.

La scelta del punto di vista maschile sottolinea efficacemente l'arbitrarietà del giudizio circa la condotta della protagonista, il ruolo di potere esercitato dagli uomini, il doppio standard con cui misurare – e controllare – le vite di uomini e donne. Come in *Daisy Miller*, anche in questo racconto la descrizione della ribelle protagonista mette quasi sempre in risalto gli elementi più negativi della personalità della protagonista, la cui bellezza e gli abiti raffinati da soli non bastano a contrastare le mancanze caratteriali che via via si palesano agli occhi di chi la osserva e giudica.

Nel descrivere l'aspetto della sua eroina, inoltre, D'Arcy si affida, si è detto, a tecniche narrative che rivelano l'influenza sulla sua scrittura della formazione artistica degli anni giovanili: attitudine che rivive sulla pagina mediante descrizioni piuttosto dettagliate della fisionomia della protagonista, l'attenzione al colore, ai particolari, il gesto stesso di Mr. Campbell di osservare la storia e darne rappresentazione in un modo che è inevitabilmente parziale, soggettivo. Influenze pittoriche che permettono a D'Arcy, quindi, di guidare il lettore dentro quelle atmosfere costruite mediante affascinanti *word-pictures*, come le definisce Fisher[213], immagini – vivide – fatte di parole. Influenze pittoriche evidenti già nell'aspetto della protagonista Lulie, che richiama quei modelli di bellezza femminile celebrati dai preraffaelliti, bella, sensuale, i capelli fulvi come fossero stati "steeped in red wine"[214]; anche in questo caso, D'Arcy sceglie il colore, i riflessi, i contrasti pittorici, per descrivere la sua protagonista:

---

[213] Benjamin Franklin Fisher IV, *Ella D'Arcy Reminisces*, cit. p. 30.
[214] Ella D'Arcy, *The Pleasure Pilgrim*, cit., p. 146.

You speak of Miss Thayer's hair as red. What other colour would you have, with that warm, creamy skin? And then, what a red it is![215]

Come nel racconto di Caird *The Yellow Drawing Room*, anche qui viene rappresentato lo scontro fra ideale femminile tradizionale e *New Woman* e dell'incapacità di superare i tradizionali codici morali, ma la protagonista della storia di D'Arcy appare, invece, più debole, infelice, rispetto alla Vanora di Caird: laddove l'eroina di *The Yellow Drawing Room* rivendica fieramente le proprie scelte, lo stile di vita e il carattere indipendente rifiutando la proposta di matrimonio di un uomo che vorrebbe farne una moglie più tradizionale, umile, discreta, Lulie sembra invece giustificarsi agli occhi dell'uomo di cui è innamorata e del lettore, vacillando – forse con un certo grado di ironia – nella sua posizione di *New Woman* indipendente: "Ah, if only I'd met you sooner in life, I should be a very different girl" lamenta la giovane, motivando il proprio atteggiamento disinvolto con l'educazione poco ortodossa ricevuta, senza una guida materna e la libertà di fare da sola le proprie scelte, similmente alla mancanza di modelli della Daisy di James, cresciuta senza freni o una guida che sappia spiegarle le rigide regole della buona società europea. Tuttavia, a una lettura attenta, anche il racconto di D'Arcy sembra condividere la riflessione di Caird circa la necessità per una *New Woman* di trovare un compagno adeguato, pena l'infelicità coniugale, ed è proprio nel tragico epilogo, si vedrà a breve, che la protagonista di questa storia rivendicherà la propria forza.

Il passato di Lulie, il suo carattere e, soprattutto, le parole di Mayne hanno corrotto in maniera definitiva

---

[215] Ibidem.

l'opinione che Campbell ha della giovane e in quest'ottica nulla di ciò che lei dice in materia di sentimenti può essere considerato veritiero. Tuttavia l'atteggiamento di Campbell non è privo di ambiguità e nonostante sia evidente il disprezzo per la condotta di Lulie e le rivolga parole spesso molto dure – ben più aspre rispetto a quelle di Winterbourne nei confronti di Daisy –, non sembra in definitiva completamente deciso a scoraggiare i sentimenti della giovane troncando la frequentazione:

> Fortunately, Mayne had let him know her character. He could feel nothing but dislike for her, disgust even; and yet he was conscious how pleasant it would be to believe in her innocence, in her candour.[216]

Quali che siano le ragioni – l'ego maschile o in fondo un affetto ricambiato – se a ogni appassionata dichiarazione della donna egli risponde con aperto sdegno, sembra comunque provare piacere ad averla intorno.

> Why, if you really loved me, really loved any man – if you had any conception of what the passion of love is, how beautiful, how fine, how sacred – the mere idea that you could not come to your lover fresh, pure, untouched, as a young girl should […] you would take up that pistol there and blow your brains out![217]

Resta quindi a Lulie solo un ultimo, estremo, gesto per convincere Campbell della sincerità dei sentimenti e, a riprova dell'onestà del proprio amore, si uccide, sparandosi emblematicamente al cuore, rivendicando la propria fierezza

---

[216] Ella D'Arcy, *The Pleasure Pilgrim*, cit., p. 152.
[217] Ibid., cit., p. 165.

e la ragione – i sentimenti – intorno a cui tutto ruota. Laddove l'eroina di James si spegne vinta dalla febbre, quasi una punizione per il suo comportamento avventato e incurante delle regole, Lulie sembra invece decisa ad avere il controllo sul proprio destino e le proprie azioni fino alla fine. Neppure con questo gesto tuttavia si scioglie la questione in maniera definitiva: nel finale della storia restano infatti ancora irrisolti diversi dubbi intorno al gesto compiuto da Lulie e, di nuovo, sono soprattutto Miss Dodge e Mayne a darne diversa interpretazione, quale prova della sincerità della giovane o, al contrario ultimo inganno di un'attrice esperta, ed è verso quest'ultima ipotesi che il protagonista sembra allineare ancora una volta il proprio punto di vista. Il dubbio circa l'onestà delle intenzioni e dei sentimenti espressi da Lulie attraversa tutto il racconto, sottolineato dai continui riferimenti ai modi ingannevoli e falsi da attrice esperta: più volte accusata di essere "an actress, a born comedienne"[218], fino all'ultima scena, "a sensational finale in the centre of the stage"[219]. E teatrale sarà appunto il gesto finale di Lulie, che non scioglie del tutto il mistero, ma che Campbell sceglie di interpretare, si è detto, come l'ultima prova d'artista di Lulie. Eppure, dopotutto, è lui stesso un maestro dell'artificio, uno scrittore, che non riesce tuttavia a distinguere, nel caso di Lulie, la finzione dalla realtà.

Nel racconto di D'Arcy quanto in quello di James quindi, la *New Woman* appare come una donna costretta a soccombere sotto il peso delle leggi morali degli uomini in un sistema patriarcale incapace di applicare lo stesso criterio di giudizio alle azioni di uomini e donne.

---

[218] Ibid., cit., p. 156.
[219] Ibid., cit., p. 167.

Lo stesso finale aperto rimette al lettore il giudizio su una vicenda che rimane sospesa tra due punti di vista – e quindi due giudizi – molto differenti. Nel gesto estremo di Lulie, tuttavia, possiamo leggere anche una presa di posizione forte, una ribellione al sistema patriarcale opprimente e agli umori dell'uomo di cui si è innamorata, incapace di preferire i sentimenti ai codici morali cui resta tenacemente aggrappato: è lei, infatti, a compiere la scelta finale, togliendo da ultimo ogni potere che Campbell, Mayne o la società tutta, possono avere su di lei. È la tragica rappresentazione del fallimento di un sistema che, nel doppio standard di giudizio cui sono soggetti uomini e donne, conduce alla rovina e all'infelicità; una storia di degenerazione, "the degeneration of a virgin into a whore, of a woman into a New Woman, of beauty into ugliness, and of truth into lies" come efficacemente sottolineato da Macura-Nnamdi[220].

Infelicità coniugale: *Irremediable*

L'infelicità coniugale senza via d'uscita è invece al centro di un altro racconto, una triste condizione a cui si è giunti per un errore *irremediable*, come nella *short story* omonima di D'Arcy[221], che l'autrice sceglie di analizzare, ancora una volta,

---

[220] Ewa Macura-Nnamdi, *Of Women and Decadence. Travel, Pleasure and Waste in Ella D'Arcy's "The Pleasure Pilgrim"*, http://seas3.elte.hu/anachronist/2012Macura.pdf, p. 137.
[221] Ella D'Arcy, *Irremediable*, prima pubblicazione in *The Yellow Book*, volume I, Aprile 1894. Con questo racconto inizia la collaborazione tra D'Arcy e la rivista pubblicata da Lane. Edizione di riferimento per il racconto *Irremediable*: Ella D'Arcy, *Monochrome*, Garland Publications, New York, 1895.

dal punto di vista maschile. Come si è visto, la *Marriage Question* è una tematica frequente nei racconti in questa sede analizzati, rappresentata secondo differenti punti di vista: in *Irremediable*, il fallimento matrimoniale non è dovuto a traumi subiti in relazioni precedenti[222] o gelosie[223], ma all'ingenuità con cui due giovani praticamente sconosciuti si legano in matrimonio, alle differenze caratteriali tra i due e all'incapacità di comprendersi. È, ancora, la riflessione intorno a incomprensioni, ideali di femminilità che si scontrano con la realtà, di ciò che efficacemente Hunter identifica come "male presumptions about women"[224]: un fraintendimento a cui ormai, in questa storia, non può esserci soluzione ma che sembra fungere da monito ai rischi reali nelle relazioni tra uomini e donne offrendo, anche in questo caso, un interessante punto di vista sulla psicologia maschile.

Durante un breve soggiorno in campagna da amici, prima di tornare al lavoro a Londra, il giovane gentiluomo Willoughby incontra nel corso di una passeggiata solitaria una ragazza, Esther, che come lui si è momentaneamente allontanata dalla città. La giovane, di classe sociale inferiore, è venuta a trascorrere qualche tempo dalla zia, proprietaria di un piccolo negozio, per sfuggire almeno momentaneamente alla miseria della propria vita costretta tra il padre alcolizzato e violento e la madre malata. La campagna, distante dalle pressioni sociali cittadine, rappresenta ancora una volta il luogo ideale dove liberarsi di codici e convenzioni, scoprendo rapporti più diretti tra uomini e donne e tra classi

---

[222] Mi riferisco al racconto di Sarah Grand, *From Dust till Daybreak*, analizzato in precedenza.
[223] Vedi, per esempio, un altro racconto di Grand, *The Condamned Cell*
[224] Adrian Hunter, *The Cambridge Introduction to the Short Story in English*, cit., p. 37.

sociali diverse. Questo paesaggio naturale è rappresentato vividamente da D'Arcy per mezzo di una tecnica narrativa "pittorica" evidente tanto nelle descrizioni paesaggistiche quanto nelle scene domestiche:

> He came to a gate on the right of the road. Behind it a footpath meandered up over a grassy slope. The sheep nibbling on its summit cast long shadows down the hill almost to his feet. Road and field path were equally new to him, but the latter offered greener attractions; he vaulted lightly over the gate and had so little idea he was taking thus the first step toward ruin that he began to whistle "White Wings" from pure joy of life.[225]

Tale modalità espressiva permette al lettore di cogliere la bellezza del paesaggio naturale in cui il protagonista è immerso, l'occhio attento di D'Arcy che si sofferma sui giochi di luce e ombre – elementi fondamentali di ogni tecnica pittorica –, sul colore, sulle sensazioni che l'ambiente intorno suscita nel personaggio. Con pochi semplici dettagli, evoca un paesaggio e un'atmosfera ben definite, costruendo il *setting* in cui nasce il sentimento tra i due giovani protagonisti, il cui *background* è anche in questo caso lasciato a un certo grado di indefinitezza, al pari di tutto ciò che è superfluo ai fini della narrazione[226].

Liberi, come si accennava poc'anzi, dalle rigide imposizioni cittadine, in breve i due stringono un'amicizia appassionata, nonostante le differenze sociali, a dispetto delle

---

[225] Ella D'Arcy, *Irremediable*, cit., p. 67-68.
[226] Non sappiamo molto, per esempio, del lavoro di Willoughby, se non che è un impiegato di città, della sua famiglia né di come questa possa aver accolto la scelta di sposare una donna di una classe sociale più umile, senza denaro o prospettive.

convenzioni e dell'iniziale indecisione di Willoughby, reso in maniera più indiretta rispetto, per esempio, ai racconti di Egerton, ma comunque presente. Il corteggiamento, tra i due giovani, è tutt'altro che tradizionale e, dopo solo cinque settimane, i due giovani si sposano. Tuttavia, da quel che il lettore può intravedere della quotidianità di questo matrimonio, esso risulta chiaramente infelice fin da principio ma l'errore compiuto è, appunto, irrimediabile. Sono infatti due estranei, caratterialmente e per estrazione sociale troppo diversi, inesperti della vita e della realtà coniugale che è divenuta in breve una prigione, un quotidiano fatto di incomprensioni, litigi, scatti d'ira e gelosia a cui Esther si è presto rivelata soggetta. Due personaggi, due vite, contrapposte anche nella caratterizzazione linguistica che ne fa l'autrice: l'uomo, un gentleman, istruito e colto, usa un linguaggio grammaticalmente corretto e una prosa elegante, anche rivolgendosi a Esther, la cui conversazione è invece caratterizzata dall'uso di una lingua più popolare, modi di dire, e un generale disinteresse per le possibilità di migliorare la propria istruzione.

> At first Willoughby had tried to educate her, and had gone hopefully to the task. It is so natural to think you may make what you will of the woman who loves you. But Esther had no wish to improve. She evinced all the self-satisfaction of an illiterate mind.[227]

Come evidenziato ancora da Maier, i tentativi di Willoughby di "educare" la moglie sono dimostrazione ancora una volta del desiderio maschile di esercitare un controllo, un potere, sulla propria compagna:

---

[227] Ella D'Arcy, *Irremediable*, cit., p. 106.

D'Arcy's narrator makes it clear that Willoughby does not wish to educate Esther in order to encourage her emancipation; the education he has in mind would further domesticate her wildness to a non-threatening level; it would transform Esther into someone he could hold up to his peers as the ideal wife.[228]

Tuttavia, è proprio la semplicità della donna ad averlo in un primo momento attratto:

[...] talking nonsense with a girl who was natural, simple-minded, and entirely free from that repellently protective atmosphere with which a woman of the "classes" so carefully surrounds herself. He and Esther had "made friends" with the ease and rapidity of children before they have learned the dread meaning of "etiquette" [...].[229]

Barriere sociali e culturali sembrano non avere importanza, almeno nella prima fase della loro frequentazione, libera da rigide convenzioni imposte dall'etichetta, dalla società londinese, dai doveri famigliari, che in queste settimane di vacanza lontano dagli obblighi di città appaiono inconsistenti.

Ma dopo il fallimentare matrimonio, il sentimento, che Willoughby infine ammette non essere mai davvero esistito, consistente solo in una passione mista a cavalleria e vanità, si è presto consumato per lasciare posto al rimorso per le scelte fatte e al rimpianto per quella spensierata libertà ormai perduta, quella giovinezza che, a dispetto della giovane età – l'uomo ha in fondo soltanto ventisei anni – sembra ormai

---

[228] Sarah E. Maier, *Subverting the Ideal*, cit., p. 44.
[229] Ella D'Arcy, *Irremediable*, cit., p. 91.

lontanissima. Se il corteggiamento e il futuro da costruire trovavano ambientazione ideale negli spazi aperti della campagna, dipinta da D'Arcy nei suoi vividi colori, luci, ombre, suoni, le difficoltà del matrimonio sono ora rappresentate in un ambiente completamente differente, in cui l'autrice guida il lettore ancora una volta dipingendone il quadro mediante la tecnica narrativa che la distingue:

> [...] his eyes distinguished the windows of the room in which Ester awaited him. Through the broken slats of the Venetian blinds he could see the yellow gaslight within. The parlour beneath was in darkness; his landlady had evidently gone to bed, there being no light over the hall-door either.[230]

La luce e il colore hanno lasciato il posto all'oscurità, alle ombre degli oggetti, gli spazi aperti – il senso di possibilità – alla costrizione di stanze ingombre di oggetti e disordine, descritti con dovizia di dettagli:

> At the table in the centre of the room sat his wife, leaning upon her elbows, her two hands thrust up into her ruffled hair; sprea out before her was a crumpled yesterday's newspaper, and so interested was she to all appearance in its contents that she neither spoke nor looked up as Willoughby entered. Around her were still uncleared tokens of her last meal: tea-slops, bread-crumbs, and an egg-shell crushed to fragments upon a plate [...].[231]

La descrizione di D'Arcy si fa, quindi, estremamente minuziosa: la piccola stanza e gli oggetti rappresentati danno il senso di due vite che stanno andando alla deriva, delle

---

[230] Ella D'Arcy, *Irremediable*, cit., p. 101.
[231] Ibidem.

costrizioni del matrimonio, dell'infelicità coniugale, evocata più dagli oggetti e dagli spazi che dalle parole. È un quadro di ombre e mute accuse dipinto dall'autrice con la particolare attenzione al dettaglio e alla tecnica narrativa che la distingue, mentre anche le fantasie e i ricordi evocati da Willoughby sembrano mostrarsi come un dipinto.

La condizione di Ester, inoltre, appare ancora più tragica, perché gravata del peso della totale dipendenza dal marito, emotiva e soprattutto economica, che rende impossibile in questo senso anche soltanto considerare l'ipotesi di affrontare lo scandalo della separazione: è attacco, ancora una volta, al doppio standard di giudizio per uomini e donne nella società vittoriana. L'uomo invece, pur rendendosi perfettamente conto della triste situazione e commiserandosi per l'avventatezza della sua scelta, cerca ancora il modo, almeno all'esterno, di fingere una serenità coniugale che in realtà non c'è mai stata e trovare rifugio in quelle brevi ore di solitudine e pace durante le quali dedicarsi alla scrittura – attraverso cui ha ottenuto anche un inatteso successo –, al ricordo di momenti più felici e alla fantasia di quel primo amore perduto, idealizzato ma per questo rimasto perfetto nella memoria. Fantasia e realtà, ideale femminile ed essere reale, ancora una volta si scontrano nella miseria di un quotidiano a cui nessuno dei due sembra capace di sottrarsi. "Regret", è il termine con cui si chiude la storia e, nell'ambivalenza del suo significato, rimanda al rimpianto del protagonista per un tempo più felice o al rimorso per la scelta avventata, entrambi tuttavia ormai irrimediabili. È, ancora una volta, il rifiuto del tradizionale *happy ending* vittoriano, il sogno del matrimonio adeguato che si scontra con la realtà di fine secolo rappresentata dalla short story: un errore, si è detto, "irremediable", che costa ai protagonisti la condanna all'infelicità.

CONCLUSIONI

Gli ultimi decenni dell'Ottocento rappresentano un'epoca di profonde trasformazioni, sociali e culturali: è un periodo di transizione, un mondo teso fra tradizione e modernità, di cui la *short story*, come si è visto, diviene il mezzo espressivo ideale per cogliere il senso di frammentarietà, caratterizzandosi per sperimentazione e ibridismo culturale. Laddove il romanzo rappresentava l'espressione più caratteristica dell'età vittoriana, la *short story* accoglie istanze, complessità e contraddizioni della fine del secolo, delineandosi come forma indipendente dal *novel*. Lo sviluppo della stampa, la diffusione delle riviste, l'interesse da parte del pubblico, la crisi del *three decker*, sono tutti elementi che concorrono allo sviluppo della forma breve sul finire del secolo a cui, come si è ampiamente discusso, le scrittrici partecipano attivamente animando il dibattito culturale e il mercato editoriale. In questa tesi si è cercato, innanzitutto, di delineare le caratteristiche formali della *short story* moderna e il suo sviluppo peculiare nel panorama letterario inglese della *fin de siècle*; sono state quindi rintracciate le principali influenze letterarie che concorrono allo sviluppo del racconto inglese moderno, con particolare riferimento a Realismo, Naturalismo, Estetismo e Decadentismo, mentre alla questione estetica si intreccia il discorso su tematiche e spunti centrali nel dibattito sociale e culturale di fine scolo di cui la *short story* si fa portavoce e interprete, dalla *Woman Question* alla riflessione su matrimonio e maternità.

Ciò che è apparso evidente fin dalle prime ricerche – e che ha determinato l'oggetto al centro di questa tesi – è il contributo fondamentale delle scrittrici nello sviluppo della *short story*, il cui apporto è stato a lungo negato o scarsamente considerato. Le ragioni sono varie e complesse: in primo luogo, come si è visto, la generazione di scrittrici attive alla fine del secolo deve necessariamente confrontarsi con la stagione vittoriana e il peso dell'eredità letteraria dei suoi maggiori interpreti; i mutamenti del mercato editoriale e l'incremento del numero dei lettori, aprono a nuove possibilità letterarie ma la concorrenza si fa sempre più feroce e le scrittrici devono ancora combattere con pregiudizi e, in generale, il doppio standard con cui uomini e donne sono giudicati nella società patriarcale di fine Ottocento; gli ultimi decenni del XIX secolo, inoltre, dal punto di vista storico e letterario sono stati interpretati per molto tempo solo come ponte fra l'età vittoriana e i movimenti culturali di primo Novecento, un'età di transizione priva di una propria autonomia e individualità; infine, l'associazione della *New Woman*, le icone culturali più caratteristiche della *fin de siècle*, con la figura del *dandy*, ne ha inevitabilmente compromesso – in seguito allo scandalo del processo a oscar Wilde – il giudizio sulla produzione letteraria, destinandola per molto tempo a una lettura superficiale quando non all'oblio. In generale, inoltre, la forma breve è stata per lungo tempo subordinata al romanzo, a cui solo a partire dalla seconda metà del Novecento in ambito accademico – anglosassone, principalmente – si è iniziato a riflettere in termini critici, cercando di dare una definizione al genere e considerandolo autonomamente da altre forme letterarie; nel panorama accademico italiano, sono ancora scarsi gli studi dedicati alla *short story*, ancor più esigui quelli relativi alla produzione specifica oggetto di questa indagine. Laddove le discriminazioni di genere hanno avuto per molto tempo un peso considerevole nella ricezione e nello studio critico della produzione letteraria femminile, è risultato evidente svolgendo questa analisi, si fa ancora più complessa relativamente alla forma breve, un genere che, come si è detto, solo in tempi recenti ha acquisito la propria autonomia dal romanzo e suscitato l'interesse della critica accademica. Fondamentale, quindi, l'apporto della critica femminista del secondo Novecento nella ridefinizione del canone letterario, nel recupero – anche – della produzione letteraria degli ultimi decenni dell'Ottocento e nella rivalutazione dell'importante apporto delle scrittrici attive in quegli anni nello sviluppo della *short story*. La scelta di dedicare questa indagine alla *short story* inglese della *fin de siècle* concentrandosi specificatamente sulla scrittura femminile, aspira a inserirsi, quindi, in un contesto critico ben preciso; inoltre, tra le numerose figure che dominano l'ambiente letterario del periodo in oggetto, si è deciso di privilegiare quattro autrici la cui popolarità nel tempo è andata esaurendosi e, soprattutto, delle cui opere non esistono a oggi traduzioni italiane né studi critici specifici[232]: in generale, se relativamente a Egerton è stato possibile reperire un numero considerevole di materiali critici e accedere a testi a stampa delle due principali raccolte di racconti, per Grand e, soprattutto, Caird e D'Arcy, sono state riscontrate maggiori difficoltà di reperimento delle opere e il numero di studi specifici sulla loro produzione breve è risultato piuttosto scarso.

---

[232] Naturalmente sulla short story di fine Ottocento esistono studi approfonditi anche in italiano, ma ciò che qui vorrei sottolineare è la mancanza, per il momento, di analisi specifiche sull'opera delle autrici oggetto della mia indagine, soprattutto relativamente a Caird e D'Arcy.

Infine, la lettura dei testi di Egerton, Grand, Caird e D'Arcy, ha rivelato l'estrema attualità della loro opera, che può essere interpretata, quindi, non soltanto quale espressione caratteristica dell'epoca entro cui si sviluppa, riflessione sulle tematiche sociali e culturali del tempo, o come anticipatrice di molte tendenze che saranno proprie del Modernismo di primo Novecento: le *short stories* oggetto di questa indagine colpiscono, infatti, anche per l'innovativa modalità con cui vengono trattate tematiche che saranno poi centrali anche del movimento femminista novecentesco e, in forme differenti, rilevanti anche nel contesto attuale. La centralità della donna come voce narrante, soggetto o punto di vista privilegiato, si intreccia alla riflessione su *New Woman*, educazione femminile, *Marriage Question*, maternità, *spinster*, sessualità e desiderio, attraverso l'attenta analisi psicologica dei personaggi, in narrazioni che si aprono a influenze letterarie qualche volta inedite, contaminazioni di genere, sperimentazioni e ibridismi. Un contesto storico e sociale diverso da quello attuale, con il quale tuttavia non mancano similitudini con la nostra contemporaneità: la riflessione sul ruolo della donna, gli stereotipi di genere, sessualità e desiderio femminile, la ridefinizione dei ruoli all'interno della coppia, l'approccio alla maternità, la stigmatizzazione della donna single, la definizione di modelli femminili alternativi a quelli tradizionali, sono, infatti, argomenti centrali anche nel dibattito politico, sociale e letterario di oggi.

Analizzando l'opera di Grand, Egerton, Caird e D'Arcy è stato quindi possibile riscontrare molti punti in comune nella produzione breve delle quattro scrittrici, a partire dal comune interesse per le tematiche al centro del dibattito culturale dell'epoca di cui sono state protagoniste. Le *short stories* di Grand – perlopiù ambientate tra la classe sociale medio alta – sottolineano, come si è visto, lo spiccato interesse nell'autrice per la *Marriage Question*, il doppio standard di giudizio caratteristico della società vittoriana, l'educazione dei sessi e lo scontro generazionale: il messaggio sociale, quindi, diviene centrale nei testi di Grand, che dimostra invece scarso interesse per il rinnovamento formale, a differenza, soprattutto, di Egerton, quest'ultima particolarmente attenta a evitare ogni deriva moraleggiante e a innovare la *short fiction* da un punto di vista tematico quanto strutturale. Come Egerton, anche Grand predilige in queste storie il punto di vista femminile interno alla vicenda e l'interesse per la componente psicologica, ma lo sguardo oggettivo con cui mira a osservare le vicende narrate rivela l'influenza del Naturalismo francese, a cui intreccia il discorso su eugenetica e pericoli derivanti dalla degenerazione, mentre, da un punto di vista ancora letterario, si avvertono anche gli echi di Romanticismo e gotico primo ottocentesco.

La produzione letteraria di Egerton, come accennato, è particolarmente innovativa, per tematiche e scelte formali e pur non mancando numerosi punti in comune con le altre autrici oggetto di questa ricerca, da esse in parte si discosta per influenze, stile, tecnica narrativa, sperimentalismo. L'influenza peculiare del naturalismo scandinavo, l'uso del tempo presente, il frequente ricorso al sogno, alle fantasie, al monologo interiore, i *plot* condensati, il racconto di momenti ordinari, il *background* indefinito, sono fra i tratti caratteristici dell'opera di Egerton che, per molti aspetti, anticipa il gusto modernista. Ciò che è risultato evidente dall'analisi dei racconti di Egerton selezionati, è l'attenzione che l'autrice riserva alla struttura tematica quanto a quella formale, in cui ogni elemento appare funzionale all'altro. Racconti che si caratterizzano per il profondo realismo psicologico con cui vengono tratteggiati, soprattutto, i personaggi femminili: la componente psicologica, che spesso prevale sulla trama, viene messa in risalto dal frequente ricorso, come si diceva, al sogno, alle fantasie, al monologo interiore, mentre da un punto di vista formale Egerton predilige l'uso di ellissi, la punteggiatura attenta a enfatizzare pause e silenzi, in una narrazione che, mediante l'utilizzo puntuale di tutti gli elementi, riesce a costruire tra lettore e personaggi un rapporto di volta in volta distaccato o intimo.

Di tutti i racconti presi in esame, in quelli di Egerton la tensione erotica appare più marcatamente rispetto agli altri: anche nelle *short stories* di D'Arcy (in entrambe quelle considerate) e Grand (*She was silent*, soprattutto) vi sono riferimenti al desiderio femminile e alle relazioni fuori dal matrimonio, ma nei racconti di Egerton la componente sensuale è molto più marcata, i riferimenti al sesso piuttosto diretti, e la riflessione su desiderio e sessualità femminile non è necessariamente nobilitata dallo scopo riproduttivo all'interno del matrimonio. L'interesse per la complessa psicologia femminile, esplorata in tutte le sue forme, e la rappresentazione del matrimonio e della maternità anche nei suoi aspetti più controversi, rendono, quindi, l'opera di Egerton particolarmente interessante e innovativa, e la più aperta al dialogo con il contemporaneo.

Come nelle storie selezionate di Grand sembra esserci una certa predisposizione per gli *open ending* e un certo grado di indefinitezza, anche nelle *short story* di Egerton restano nel finale molte questioni aperte, seppur in termini differenti: l'uso della prima persona e del tempo presente, infatti, sottolineano il senso di transitorietà, il soggettivismo della narrazione, il carattere di frammento. Delle decisioni prese, il lettore non vede la realizzazione né tantomeno gli effetti, può intuirne solo i contorni.

Quelle di Egerton sono donne in movimento, spesso in viaggio, che aspirano a una vita completa, piena e soddisfacente anche fuori dal tradizionale ruolo di moglie e madre, un elemento fondamentale che concorre a rendere questi racconti particolarmente innovativi e attuali. Un desiderio di indipendenza e realizzazione, personale e professionale, che nella *short story* del periodo contrasta fortemente, quindi, con la rappresentazione di matrimoni e relazioni in cui la donna vive una condizione di subordinazione e imprigionamento, reale o metaforico: all'indipendenza – concreta o intellettuale – di personaggi come Eugenia, Gipsy, Lulie, Adalesa, Vanora, fanno da contraltare Evangeline, Mrs Jones, Mrs Grey, Edith. I rigidi codici morali della società vittoriana, il doppio standard di giudizio, la separazione delle sfere, il ruolo di sottomissione della donna, conducono, infatti, all'infelicità coniugale, all'alcolismo, alla rovina.

Ognuna in modo peculiare, le quattro scrittrici qui considerate riflettono sulla *Woman Question* e i pericoli della morale vittoriana, che inevitabilmente influenza i rapporti tra i sessi, come evidente anche nei racconti di Caird e D'Arcy: il dibattito sulla questione matrimoniale e la ridefinizione dei ruoli tradizionali, lo sviluppo di modelli femminili alternativi – tra cui la *New Woman*, anche nella sua *American edition* – vengono da esse indagati in *short story* che, a differenza della produzione letteraria di Grand ed Egerton, prediligono l'utilizzo di un punto di vista maschile, interno alla vicenda, e si aprono a influenze ancora diverse, derivate, nel caso di D'Arcy, dall'esperienza artistica degli anni giovanili. Anche nei racconti di Caird e D'Arcy, quindi, risulta evidente la particolare attenzione rivolta agli argomenti centrali nel dibattito culturale dell'epoca e alla componente psicologica dei personaggi ma quest'ultima per quel che riguarda soprattutto i protagonisti maschili, che si interrogano di fronte all'emergere di nuovi modelli femminili e ai codici comportamentali che regolano le relazioni tra i sessi. Nei racconti oggetto di questa indagine, quindi, risulta forte la necessità di promuovere, accanto al nuovo ideale femminile rappresentato dalla *New Woman*, equivalenti modelli di *New Men* capaci di comprendere e sostenere il desiderio di indipendenza e realizzazione di queste donne: solo in questo modo sarà possibile costruire relazioni paritarie, felici.

Concludendo: analizzare oggi le *short stories* di Grand, Egerton, Caird, D'Arcy, contribuisce a definire caratteri e sviluppi della forma breve, sottolinearne la rilevanza nell'ambito degli studi letterari contemporanei, ristabilire l'importanza della produzione inglese della *fin de siècle* nella delineazione del genere e, soprattutto, rivalutare il fondamentale contributo apportato delle scrittrici, allineandosi alla critica femminista. Questa indagine è, per sua natura stessa, soggettiva e parziale: l'obbiettivo è proprio quello di proseguire in questa direzione nello studio della *short story* inglese di fine Ottocento, l'influenza che essa ha avuto nella definizione del genere, il dialogo ancora aperto con l'età contemporanea.

186

BIBLIOGRAFIA

Fonti primarie

AA.VV., *The Yellow Book: An Illustrated Quarterly*, volume I-XIII, 1894-1897

Caird, Mona "A Defence of the Wild Women", in Mona Caird, *The morality of marriage and other essays on the status and destiny of woman*, Cambridge University Press, Cambridge, 2010, p. 171

Caird, Mona *Marriage*, Westminster Review, August 1888, pp. 186-201

Caird, Mona *The Emancipation of the Family part I*, The North American Review, Vol. 150, No. 403, July 1890, pp. 692-705

Caird, Mona *The Emancipation of the Family part II*, The North American Review, Vol. 151, No. 404, July 1890, pp. 22-37

D'Arcy, Ella *Modern Instances*, John Lane, London, 1898

D'Arcy, Ella *Monochromes*, John Lane, London, 1895

Egerton, George *Keynotes and Discords* (1894 e 1895), ed. Sally Ledger, Continuum, London, 2006

Gilman Perkins, Charlotte *The Yellow Wallpaper*, New England Magazine, January 1892, pp. 647-656

Gissing, George *The Odd Women*, Oxford University Press, 2008

Grand, Sarah *Emotional Moments*, Hurst and Blackett, London, 1908

Grand, Sarah *Our Manifold Nature: Stories from life*, D. Appleton and Company, New York, 1894

Grand, Sarah *The Modern Girl*, The North American Review, No. 451, 1894, pp. 706-714

Grand, Sarah *The new aspect of the Woman Question*, The North American Review, Vol. 158, No. 448, 1894, pp. 270-276

Ibsen, Henrik *Casa di bambola*, Einaudi, Torino, 1997

James, Henry *A Passionate Pilgrim and other tales*, J.R. Osgood and company, Boston, 1875 (consultato online: https://archive.org/details/passionatepilgri00jameiala)

James, Henry *Daisy Miller* (1878), Penguin Classic, London, 2007

Mill, John Stuart *The Subjection of Women* (1869), Penguin Classics, London, 2006

Richardson, Angelique (ed.) *Women who did: Stories by Men and Women 1890-1914*, Penguin, London, 2002

Schreiner, Olive *The Story of an African Farm* (1883), Oxford University Press, Oxford, 2008

Showalter, Elaine (ed.) *Daughters of Decadence: Women Writers of the fin de siècle*, Virago Press, London, 1993

Woolstonecraft, Mary *Sui diritti delle donne* (1792), Bur, Milano, 2013

Fonti secondarie

Ardis, L. Ann *Love and Eugenics in the Late Nineteenth Century: Rational Reproduction and the New Woman (Review)*, Victorian Studies, Vol. 46, No. 4, Summer 2004, pp. 706-707

Bjorhovde, Gerd *Rebellious Structures, Women Writers and the Crisis of the Novel 1880-1920*, Norwegian University Press, Oslo, 1987.

Bolick, Kate *Spinster. Making a life of One's Own*, Broadway Book, New York, 2015

Bonnell, Marilyn *Sarah Grand and the Critical Establishment: Art for (Wo)man's Sake*, Tulsa Studies in Women's Literature, Vol. 14, No. 1, Spring 1995, pp. 123-148

Chialant Maria Teresa, Loops Marina (eds), *Time and the short story*, P. I. E. Peter Lang, Berna, 2012

Crisafulli Lilla Maria, Elam Keir (a cura di), *Manuale di letteratura e cultura inglese*, Bonomia University Press, Bologna, 2009

Culler, Jonathan *Literary Theory. A Very Short Introduction*, Oxford University Press, Oxford, 2000

Cunnigham, A.R. *New Woman Fiction of the 1890's*, Victorian Studies, Vol. 17, No. 2, Dec. 1973, pp. 177-186

D'Hoker Elke, Eggermont Stephanie, *Fin-de-Siècle Women Writers and the Modern Short story*, English Literature in Transition 1880-1920, Vol. 58, No. 3, 2015, pp. 291-312

Dowling, Linda *The Decadent and the New Woman in the 1890's*, Nineteenth Century Fiction, Vol. 33, No. 4, Mar. 1979, pp. 434-453

Eggermont, Stephanie *The Scientific Design of Sarah Grand's Short story Collection Our Manifold Nature*, Nineteenth-Century Gender Studies, Vol. 7, Summer 2011, http://www.ncgsjournal.com/issue72/eggermont.htm

Fletcher, Ian *Review: The 1890's: A Lost Decade*, Victorian Studies, Vol. 4, No. 4, June 1961, pp. 345-354

Forward, Stephanie *A study in yellow: Mona Caird's "A Yellow Drawing Room"*, Women's Writings, Vol. 7, No. 2, 2000, pp. 295-307

Forward, Stephanie *Attitudes to Marriage in the Late Nineteenth Century, with special reference to the lives and works of Olive Schreiner, Mona Caird, Sarah Grand and George Egerton*, Phd Thesis, The University of Birmingham School of English Faculty of Arts, Birmingham Press, Birmingham, 1997

Franklin Fisher, Benjamin IV *Ella D'Arcy Reminisces*, English Literature in Transition 1880-1920, Vol. 37, No. 1, 1994, pp. 28-32

Franklin Fisher, Benjamin IV *Ella D'Arcy: A Commentary with a Primary and Annotated Secondary Bibliography*, English Literature in Transition 1880-1920, Vol. 35, No. 2, 1992 pp. 179-211

Gilbert Sandra, Gubar Susan, *The Madwoman in the Attic: The Woman Writer and the Nineteenth-century Literary Imagination*, Yale University Press, New Haven, 2000

Gilbert Sandra, Gubar Susan (eds), *The Norton Anthology of Literature by Women: the Tradition in English*, Norton, New York, 1985

Goyet, Florence *The classic short story 1870-1925. Theory of a genre*, Open Book Publishers, http://www.openbookpublishers.com/product/199/the-classic-short-story--1870-1925--theory-of-a-genre

Grand, Sarah http://www.victoriansecrets.co.uk/victorian-fiction-research-guides/sarah-grand

Heilmann, Ann *(Un)Masking Desire: Cross-dressing and the crisis of gender in New Woman Fiction*, Journal of Victorian Culture, Vol. 5, No. 1, 2000, pp. 83-111

Heilmann, Ann *Mona Caird (1854-1932): wild woman, New Woman, and early radical feminist critic of marriage and motherhood*, Women's History Review, Vol. 5, No. 1, 1996, pp. 67-95

Heilmann, Ann *New Woman Strategies. Sarah Grand, Olive Schreiner, Mona Caird*, Manchester University Press, Manchester, 2004

Hunter, Adrian (ed.) *The Cambridge Introduction to the Short Story in English*, Cambridge University Press, Cambridge, 2007

Intonti, Vittoria (a cura di) *La poetica della forma breve. Testi del dibattito teorico-critico sulla short story dall'inizio dell'Ottocento alla fine del Novecento*, Edizioni dal Sud, Bari, 2003

Krueger Henderson, Kate *Mobility and Modern Consciousness in George Egerton's and Charlotte Mew's Yellow Book Stories*, English

Literature in Transition 1880-1920, Vol. 54, No. 2, 2011, pp. 185-211

Lanza, M. Janine *Women Alone: Spinsters in England 1660-1850 (Review)*, A Quarterly Journal Concerned with British Studies, Vol. 35, No. 1, Spring 2003, pp. 126-127

Ledger, Sally "Introduction", in George Egerton, *Keynotes and Discords*, ed. Sally Ledger, Continuum, London, 2006

Ledger, Sally "The New Woman and feminist fiction", in Gail Marshall (ed.), *The Cambridge Companion to the Fin de siècle*, Cambridge University Press, Cambridge, 2007, pp. 153-168

Ledger, Sally *The New Woman: Fiction and Feminism at the Fin de siècle*, Manchester University Press, Manchester and New York, 1997

Ledger, Sally *Wilde Women and The Yellow Book: The Sexual Politics of Aestheticism and Decadence*, English Literature in Transition 1880-1920, Vol. 50, No. 1, 2007, pp. 5-26

Liddington, Jill *Independent Women: Work and Community for Single Women 1850-1920 (Review)*, Feminist Review, No. 24, Autumn 1986, pp. 120-122

Liggins Emma, Andrew Maunder, Ruth Robbins (eds), *The British Short story*, Palgrave Macmillan, Basingstoke, 2010

Linton, Eliza Lynn *The wild women as social insurgents*, The Nineteenth Century, Vol. 30, October 1891, pp. 596-605

Macura-Nnamdi, Ewa *Of Women and Decadence. Travel, Pleasure and Waste in Ella D'Arcy's "The Pleasure Pilgrim"*, risorsa online http://seas3.elte.hu/anachronist/2012Macura.pdf

Maier, E. Sarah *Subverting the ideal: the New Woman and the battle of the sexes in the short fiction of Ella D'Arcy*, Victorian Review, Vol. 20, No. 1, Summer 1994, pp. 35-48

Mangum, Teresa The *New Woman: Fiction and Feminism at the Fin de siècle (Review)*, Victorian Studies, Vol. 41, No. 4, Summer 1998, pp. 631-633

Marshall, Gail (ed.) *The Cambridge Companion to the fin de siècle*, Cambridge University Press, Cambridge, 2007

Maxwell, Catherine *The Awkward Age in Women's Popular Fiction, 1850–1900: Girls and the Transition to Womanhood (Review)*, The Review of English Studies, Vol. 56, No. 225, June 2005, pp. 461-463

May, Charles (ed.) *The New Short Story Theories*, Ohio University Press, Ohio, 1994

McCracken, Scott "La paternità della fin de siècle", in Marco Pustianaz e Luisa Villa (a cura di), *Maschilità decadenti. La lunga fin de siècle*, Bergamo University Press, Bergamo, 2004

McCracken Scott, Ledger Sally (eds), *Cultural politics at the fin de siècle*, Cambridge University Press, Cambridge, 1995

Mitchell, Sally *New Women, Old and New*, Victoriana Literature and Culture, Vol. 27, No. 2, 1999, pp. 579-588

Murphy, Patricia *The New Woman in Fiction and in Fact: fin de siècle feminism*, Victorian Studies, Vol. 45, N. 1, Autumn 2002, pp. 184-186

Nelson, Carolyn Christensen (ed.) *A New Woman Reader: Fiction, Articles and Drama of the 1890s*, Broadview Press, Peterborough, 2000

O'Toole, Tina *George Egerton's Translocational Subjects*, Modernism/Modernity, Vol. 21, No. 3, Sempt. 2014, pp. 827-842

Fluhr, M. Nicole *Figuring the New Woman: Writers and Mothers in George Egerton's Early Stories*, Texas Studies in Literature and Language, Vol. 43, No. 3, Fall 2001, pp. 243-266

Poe, Allan Edgar *Twice-Told Tales: A Review*, Graham's Magazine, May 1842, pp. 298-300

Reyner, Christine *Virginia Woolf's ethics of the Short Story*, Palgrave Macmillan, London, 2009

Richardson, Angelique *Married, Middlebrow, and Militant: Sarah Grand and the New Woman Novel (Review)*, Victorian Studies, Vol. 42, No. 4, Summer 1999, pp. 684-686

Richardson, Angelique *The Eugenization of Love: Sarah Grand and the Morality of Genealogy*, Victorian Studies, Vol. 42, No. 2, Winter 1999-2000, pp. 227-255

Richardson, Angelique *The Eugenization of Love: Sarah Grand and the Morality of Genealogy*, Victorian Studies, Vol. 42, No. 2, Winter 1999-2000, pp. 227-255

Rosenberg, S. Tracey *Gender Construction and the Individual in the Work of Mona Caird*, Phd Thesis, University of Edinburgh, Edinburgh, 2006

Shakespeare, William *MacBeth*, Mondadori, I Meridiani, Milano, 1976

Showalter, Elaine *Sexual Anarchy: Gender and Culture at the fin de siècle*, Virago Press, London, 1992

Siemens, Lloyd *Women Writers and Modernism*, English Literature in Transition 1880-1920, Vol. 33, No. 2, 1990, pp. 226-228

Smudgiton, Borgia *She-Notes*, Punch or the London Charivarli, 17 March 1894

Stead, W.T. *The Novel of the Modern Woman*, Review of Reviews, No. 10, 1894, pp. 64-73

Stetz, D. Margaret *Keynotes: a New Woman, her publisher, and her material*, Studies in the Literary Imagination, Vol. 30, No. 1, Spring 1997, pp. 89-108

Stutfield, Hugh *Tommyrotics*, Blackwood's, No. 157, June 1895, pp. 833-845

Tooley, A. Sarah *The Woman Question: An Interview with Madame Sarah Grand*, Humanitarian, Vol.8, 1896, pp. 161-169

Traister, Rebecca *All the single ladies. Unamarried Women and the Rise of an Independent Nation*, Simon and Schuster, New York, 2016

Vicinus, Martha "Introduction", George Egerton, *Keynotes and Discords*, Virago, London, 1983, pp. 7-19

Vicinus, Martha "Rediscovering the New Woman of 1890s. The stories of George Egerton", in Vivian Patraka, Louise Tilly, (eds), *Feminist re-vision. What has been and what might be*, University of Michigan, Ann Harbor, 1983, pp. 12-25

Vicinus, Martha *The Single Woman: Social Problem or Social Solution?*, Journal of Women's History, Vol. 22, No. 2, Summer 2010, pp. 191-202

Villa, Luisa "La forma del nuovo. Donne, decadenza, modernità, e la short story inglese di fine secolo", in Cifarelli M. R., Villa Luisa (a cura di), *Donne e modernità 1870-1930*, Quaderni del Dipartimento di Lingue e Letterature Straniere Moderne 7, Tilgher, Genova, 1995, pp. 107-132

Villa, Luisa *Figure del risentimento: aspetti della costruzione del soggetto nella narrativa inglese ai margini della decadenza*, Edizioni Ets, Pisa, 1997

Wendell, V. Harris *John Lane's Keynotes Series and the Fiction of the 1890's*, Modern Language Association, Vol. 83, No. 5, Oct. 1968, pp. 1407-1413

Wilde, Oscar *The Picture of Dorian Gray* (1890), Penguin, London, 2003

William, Boyd *A short history of the short story*, consultato sul sito http://www.prospectmagazine.co.uk/arts-and-books/william-boyd-short-history-of-the-short-story

Windholz, A. M. *The Woman Who Would Be Editor: Ella d'Arcy and the Yellow Book*, Victorian Periodicals Review, Vol. 29, No. 2, Summer 1996, pp. 116-130

Woolf, Virginia *The Common Reader* (1925), https://ebooks.adelaide.edu.au/w/woolf/virginia/

Woolf, Virginia *Una stanza tutta per sé* (1929), Newton and Compton editori, Roma, 2004

INDICE

Windy Moors

1. Giorgina Sonnino, *Tre Anime Luminose fra le nebbie nordiche. Le Sorelle Brontë*, flower-ed 2015

2. Giorgina Sonnino, *Il pensiero religioso di una poetessa inglese del secolo XIX. Emilia Giovanna Brontë*, flower-ed 2015

3. Lurabel Harlow, *Louisa May Alcott. Un ricordo*, flower-ed 2016

4. Mara Barbuni, *Elizabeth Gaskell e la casa vittoriana*, flower-ed 2016

5. Angelo Crespi, *La poesia di Wordsworth*, flower-ed 2016

6. Mara Barbuni, *Le case di Jane Austen*, flower-ed 2017

7. Lucy Maud Montgomery, *Il sentiero alpino. La storia della mia carriera*, flower-ed 2017

8. Romina Angelici, *Jane Austen. Donna e scrittrice*, flower-ed 2017

9. Patrick Branwell Brontë, *E come un sogno la vita vola. Lettere 1835-1848*, flower-ed 2017

10. Alice Law, *Patrick Branwell Brontë*, flower-ed 2017

flower-ed

Nella radice, per la quale ha vita il fiore

Casa editrice flower-ed
www.flower-ed.it